KB073959

왔으면 하는
슈퍼바이저
갔으면 하는
슈퍼바이저

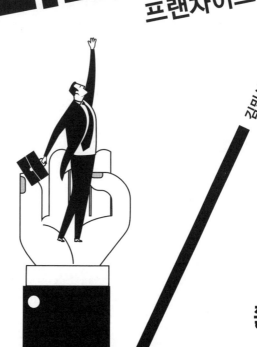

왔 으 면 하 는
슈퍼바이저

갔 으 면 하 는
슈퍼바이저

프랜차이즈편

김민성 · 최재형 지음

좋은땅

Chapter 1

대한민국은
프랜차이즈 시대?

Chapter 2

슈퍼바이저가 왜 프랜차이즈
성공 열쇠를 쥐고 있을까?

Chapter 3

슈퍼바이저라면
기본은 알고 가자! 가맹사업법

Chapter 4

가맹점주의 비용을
절감시켜 줄 유용한 세무상식

Chapter 5

가맹점주 스트레스의
70% 이상은 인력관리이다

Chapter 6

슈퍼바이저의 필수 역할은
FRANCHISE만 기억하라!

사례로 본 슈퍼바이저의
다양한 유형

부록 2

슈퍼바이저 지망생들을 위한
취업가이드

부록 3

소매점에 대해 아는 척하기 좋은 운영노하우

부록 4

매장관리 시 무조건 알아야 할
매출 및 손익 관련 용어

| 들어가며 |

   직장생활을 하다가 퇴직 후 자영업을 시작하신 분들이 느끼는 감정들
은 너무나도 많다. 그중에서도 대표적으로 생각나는 부정적인 감정 몇 가
지가 있다.

ㄱ. 힘들다.

ㄴ. 후회된다.

ㄷ. 어렵다.

ㄹ. 외롭다.

ㅁ. 무섭다.

위 문장들을 보고 대부분의 자영업자들은 고개를 끄덕일 것이다.

'사장이라는 직함 달고 내 마음대로 하면 얼마나 좋을까?'라는 막연한
기대와 함께 시작한 분들도 있을 것이고, '내 평생의 꿈은 나만의 베이커

리를 만드는 거야.'라고 하며 상당 기간 아르바이트도 하고, 학원도 다니면서 기량을 쌓고 시작한 분들도 있을 것이다.

전자 후자 상관없이 막상 시작하게 되면 수익적 또는 운영적인 부분에서 '생각과는 다르네.'라고 하는 경우가 많다.

이러한 시행착오를 줄이기 위해 활성화된 사업모델이 바로 프랜차이즈이다.

본사의 브랜드, 운영 노하우, 시스템에 기대어 체계적으로 배운 매뉴얼로 운영을 하면 되고, 점포 운영 시에 혼자 고민할 필요 없이 언제든 상의할 수 있는 슈퍼바이저라는 든든한 우군과도 함께 할 수 있다.

최근 창업시장을 보면 '더 나올 수 있는 아이템이 있을까?'라고 생각이 될 정도로 무수히 많은 아이템과 그 아이템을 기반으로 한 프랜차이즈 업체들이 우후죽순으로 생겨나고 있다.

바꿔 말하면 '브랜드만 다를 뿐이지, 결국엔 제품의 퀄리티, 컨셉, 마진율 등이 비슷비슷하다.'라고도 표현할 수 있다. 당연히 예비창업자들은 이러한 부분을 꼼꼼히 따져서 창업을 하는 것이 중요하다.

예비창업자가 고민하고 또 고민하여 A프랜차이즈를 하게 되었다면, 그 순간부터 치열한 생존경쟁의 전쟁터에 참전을 했다고 생각하면 된다.

굳은 결심 후, 전쟁터에 나갔는데 고지가 어디인지도 모르겠고, 소총을 쏴야 하는지, 수류탄을 던져야 하는지도 모른다. 갖고 있는 식량을 5일 동안 먹어야 하는지, 10일 동안 먹어야 하는지도 모른다.

이럴 경우에는 결국 전사하고 만다.

그러나 '우리의 고지는 A업종에서 강남구 매출 1등 가맹점이고, 지금은 소총을 쏘며 경쟁점을 견제하다가, 크리스마스 등의 대목이 올 때 수류탄을 집중 투하하면 됩니다. 또한 가지고 있는 원재료는 신선도를 위해 최근 매출 기준 5일을 유지하면 됩니다.'라고 조언해 주는 사람이 있었다면 어떨까?.

이 중요한 역할을 해야 하는 사람이 바로 슈퍼바이저이다.

기업마다 부르는 명칭은 다르나, 역할은 대동소이다. 가맹점이 돈 잘 벌고, 오래할 수 있도록 도와주는 것이다.

하나의 상권에도 유사한 아이템이 난립하고 치열하게 경쟁을 하는 시대에 나만의 전략도 없이 점포 운영을 한다면 생존할 수 있을까? 최근 기업들이 앞다투어 유능한 인재를 채용하려는 것도 이러한 시대에 대응하기 위해서라고 생각한다. 본사에서 큰 틀의 전략을 짜면 큰 틀을 유지하되, 개별 점포에 대해 맞춤형으로 전략을 짜는 역할은 슈퍼바이저가 해야 할 가장 중요한 역할 중의 하나이다.

이 책에서는 슈퍼바이저라면 알아야 할 기본 상식부터 최초 언급했던 자영업을 하시는 분들이 느끼는 부정적인 감정들을 긍정적으로 만들기 위해 해야 할 슈퍼바이저의 필수 역할을 'FRANCHISE'라는 각각의 알파벳 글자를 활용한 9가지의 테마로 초보자도 알기 쉽게 설명한다.

또한 슈퍼바이저를 꿈꾸는 취업준비생들을 위해 취업 전 준비하면 도

움이 될 수 있는 자기소개서 및 면접에 관한 유용한 tip도 부록에 별도로
구성하였다.

코로나 19로 전 세계가 경기침체를 겪고 있고, 우리나라 대부분의 자영
업자들 역시 굉장히 힘든 시간을 보내고 있다. 이럴 때일수록 슈퍼바이저
들의 역할이 중요하다고 생각한다.

모쪼록 이 책을 통하여 담당하는 가맹점주들로부터 '갔으면 하는 슈퍼
바이저'보다는 '왔으면 하는 슈퍼바이저'가 되기를 간절히 기원해 본다.

Chapter 1

대한민국은
프랜차이즈 시대?

프랜차이즈는 무엇일까?

1) 프랜차이즈의 정의

  슈퍼바이저에 대해 알아보기 전에 일단은 프랜차이즈라는 개념을 먼저 알아야 할 것 같다.

  왜냐하면 하나의 브랜드가 프랜차이즈를 시작하면, 가맹점을 많이 오픈하게 될 것이고, 이 때 회사에서 필요한 직원이 가맹점을 관리할 슈퍼바이저이기 때문이다.

  표준국어대사전에 프랜차이즈(franchise) 관련 용어들은 다음과 같이 설명되어 있다.

가. 프랜차이즈=프랜차이즈 시스템(franchise system)

  프랜차이즈 시스템(특정한 상품이나 서비스를 제공하는 주재자가 일정

한 자격을 갖춘 사람에게 자기 상품에 대하여 일정 지역에서의 영업권을 주어 시장 개척을 꾀하는 방식)

나. 프랜차이즈 체인(franchise chain)

특권을 가진 총판매업자가 연쇄점에 가입한 독립 소매점에서 특약료를 징수하는 체인

다. 프랜차이즈형

특정한 상품이나 서비스를 제공하는 주재자가 일정한 자격을 갖춘 사람에게 자기 상품에 대하여 일정지역에서의 영업권을 주는 형식

라. 프랜차이즈점

프랜차이즈 시스템을 도입하여 영업하는 점포

이 4가지 용어들을 정리하면 **프랜차이즈는 '특정 상품이나 서비스를 제공할 수 있는 능력을 갖춘 업체가 해당 상품이나 서비스를 제공받기를 원하는 사람에게 일정지역에서 영업할 수 있는 영업권을 주는 것'이다.**

여기에서 특정 상품이나 서비스를 제공할 수 있는 능력을 갖춘 업체가 '가맹본부'이고, 해당 상품이나 서비스를 제공받기를 원하는 사람이 바로

'가맹점주'이다. 그리고, 가맹본부와 협의해 정해진 일정지역에서 운영되는 점포가 '가맹점'이 되는 것이다.

2) 프랜차이즈의 장단점

먼저 **프랜차이즈의 장점은 어떠한 것들이 있을까?**

가. 검증된 가맹본부의 경험과 노하우를 이용하여 특별한 기술 없이도 쉽게 창업이 가능하다.

특히, 개인창업 시에 가장 어려운 부분 중의 하나인 구매에 대한 부분을 발주시스템을 통하여 발품을 팔지 않고도 편리하게 영업 관련 물품을 구매할 수 있다. 이에 따르는 물류 역시 알아서 정해진 시간에 배송을 해 주기 때문에 별도로 신경쓸 필요가 없다.

나. 가맹본부의 여러 시행착오를 통하여 축적된 노하우가 있기 때문에 가맹점주 입장에서는 여러 상황에 대한 대응력도 생기고, 그로 인한 리스크도 줄일 수 있다.

트렌드가 항상 바뀌기 때문에 그때마다 적절한 대응이 이루어지지 않으면 결국 시장에서 도태될 수밖에 없다.

예를 들어 대학가 근처의 하숙집에 살고 있는 하숙생이 있는데, 치킨을 배달시키려고 하는데 한 곳은 BHC치킨이고, 다른 한 곳은 옛날치킨집이다. 그 학생은 요즘 마라탕에 꽂혀 있어 1주일에 한 번씩 마라탕을 사 먹곤 한다. 무엇을 먹을지 메뉴를 보고 있는데 BHC에서 마라칸이라는 신메뉴가 며칠 전에 출시되었다. 과연 이 하숙생은 어디에서 시켜 먹을까?

아마도 BHC의 마라칸을 주문할 가능성이 크다. 마라 열풍이 불기 시작할 때 가맹본부에서 발빠르게 메뉴를 개발하여 신메뉴를 출시했기 때문에 BHC가맹점은 트렌디한 메뉴를 판매할 수 있게 된 것이다.

옛날치킨집 사장님이 매일 치킨을 튀겨서 판매하기도 바쁜데 꾸준히 새로운 메뉴를 개발해서 메뉴판에 올릴 수 있는 시간은 물리적으로 힘들다. 이렇듯 대부분의 프랜차이즈 기업에는 메뉴만 개발하는 메뉴개발팀이 있기 때문에 지속적인 메뉴개발을 통하여 고객에게 어필을 할 수 있다.

다. 브랜드인지도 및 이미지로 인한 고객 입점율이 개인창업 대비 월등히 높다.

커피숍을 예로 들어 보겠다. 강남역에서 업무상 미팅이 잡혔다. 커피숍에서 만나기로 하고, 강남역에 먼저 도착하여 장소를 물색한다. 근처엔 눈에 보이는 곳은 프랜차이즈 브랜드인 투썸플레이스와 개인브랜드인 강남카페가 있다. 어떤 브랜드를 택할 가능성이 높을까?

확률적으로 투썸플레이스를 택할 가능성이 높다. 왜냐하면 무수히 많은 간판들이 있는 강남역에서 아무래도 눈에 많이 노출이 되었던 투썸플레이스 간판이 거의 본 적이 없었던 강남카페 간판보다는 찾기 쉬울 것이기 때문이다.

필자 역시 업무상 건물 임대인들과의 미팅이 많다. 미팅약속을 잡을 때 회사 사무실에서 포털 지도 검색을 한 후 장소를 찾는다. 이때마다 생소한 상호명보다는 어디서든 봤었고, 많이 들어 봤던 브랜드를 약속장소로 정한다.

차량 이동 시 라디오를 틀면 여러 광고가 들려온다. 특히 프랜차이즈 외식기업의 CM송이 가장 귀에 많이 들린다.

여기서 문제 하나 내겠다. 하단에 나온 문장에서 ○에 들어갈 글자는 무엇일까?

'차돌은 ○차돌 고소한 맛 좋아, 차돌은 ○차돌 달콤한 쫄면과……'

'숯불돼지갈비는 ○○진사갈비, 무한으로 즐겨요 ○○진사갈비……'

필자 예상으로 10명 중 8명은 맞출 것이라고 생각한다. 위의 여러 사례들이 바로 브랜드인지도의 사례들이다. 많은 프랜차이즈 기업들이 대중 매체 광고를 공격적으로 하고, 열심히 가맹점 개설을 하여 전국 방방곡곡에 점포수를 늘려나가기 때문에 대중들에게 지속적으로 노출이 되며, 결국 브랜드 인지도가 올라가게 되는 선순환이 되는 것이다.

그렇다면 반대로 **프랜차이즈의 단점에는 어떠한 것들이 있을까?**

가. 가맹점주는 창업 초기 개인창업으로 시공하는 것보다 투자비용이 크다.

대부분의 프랜차이즈 기업들이 처음 오픈 공사부터 일괄적으로 투자금을 수취하기 때문에 일정 부분의 마진이 더해지는 경우가 생기고, 가맹계약과 동시에 가맹비가 발생하기 때문이다.

나. 매월 정율 또는 정액 방식으로 본사에 로열티를 제공하게 되기 때문에 추가로 고정비용이 발생하게 된다.

다. 최근 몇 년간 큰 이슈가 되었던 프랜차이즈 기업 오너들의 갑질로 인한 오너리스크도 단점 중의 하나이다.

가수 승리의 아오리 라면과 미스터피자, 호식이 두마리 치킨 등이 대표적인 오너리스크 사례이다. 기업 오너의 일탈로 인하여 브랜드 가치가 급속도로 하락하게 되고 이는 직접적으로 가맹점에게 큰 피해로 돌아오게 된다.

라. 각 브랜드마다의 아이덴티티 및 영업방식이 있기 때문에 가맹점주 스스로 독창적인 방식으로 운영하기 힘들다.

프랜차이즈 시장규모와 조직구조

1) 프랜차이즈 시장규모

프랜차이즈 시장은 가파르게 성장하고 있다. 통계청 자료를 보면 한눈에 알 수 있다.

가. 프랜차이즈 통계청 자료(2013년 대비 2018년)

산업별	가맹점수 (개)			종사자수 (명)			매출액 (조)		
	2013년	2018년	차이	2013년	2018년	차이	2013년	2018년	차이
계	151,091	210,099	59,008	511,173	816,420	305,247	37.6	68.3	30.6
체인화 편의점	25,039	41,359	16,320	94,735	179,096	84,361	10.3	21.1	10.8
문구용품 및 회화용품 소매업	1,989	1,688	-301	4,878	4,571	-307	0.6	0.7	0.1
의약품 및 의료용품 소매업	3,556	3,632	76	9,894	12,173	2,279	2.8	3.8	0.9
안경 및 렌즈 소매업	2,012	3,184	1,172	5,368	9,008	3,640	0.6	1.1	0.5
한식 음식점업	20,119	29,209	9,090	75,279	123,697	48,418	4.7	8.7	4.0
외국식 음식점업	2,520	7,561	5,041	13,923	41,452	27,529	0.7	2.7	2.0
제과점업	8,247	7,354	-893	38,025	34,989	-3,036	3.0	3.1	0.0
피자, 햄버거, 샌드위치 및 유사 음식점업	8,542	11,576	3,034	38,836	55,678	16,842	2.0	3.3	1.2
치킨전문점	22,529	25,110	2,581	52,736	65,241	12,505	2.5	4.2	1.8
김밥, 기타 간이음식점 및 포장 판매점	6,413	13,077	6,664	20,136	45,900	25,764	0.7	2.5	1.8
생맥주 및 기타 주점업	10,934	11,676	742	27,417	33,516	6,099	1.4	2.0	0.6
커피 및 기타 비알코올 음료점업	8,456	17,615	9,159	36,673	76,842	40,169	1.3	3.4	2.1
자동차 전문 수리업	6,066	7,038	972	19,314	26,895	7,581	1.7	3.2	1.4
두발 미용업	2,176	3,897	1,721	12,390	21,176	8,786	0.5	1.0	0.4
가정용 세탁업	3,022	4,575	1,553	6,229	8,490	2,261	0.3	0.4	0.2
기타 프랜차이즈	19,471	21,548	2,077	55,340	77,696	22,356	4.4	7.1	2.7

위의 표를 보면 문구점 및 제과점업을 제외하고 전 업종에 걸쳐 신장한 것을 확인할 수 있다. 문구점의 경우 감소 원인은 문구용품은 온라인 구매 비중이 지속적으로 오르고 있고, 다이소 등의 대형 유통업체의 강세로 중소형 업체들의 폐점 비율이 높았던 것으로 예상된다.

제과점업은 중소기업 적합업종임에도 불구하고, 소비자들의 대형프랜차이즈 제과업체 브랜드 충성도가 지속적으로 커져 중소 프랜차이즈 업체들의 확장이 이루어지지 않았고, 개인제과점으로 운영하는 사례가 늘고 있는 것으로 예상된다.

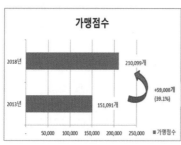

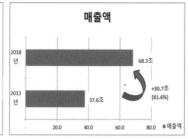

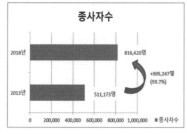

위의 그래프에서 보는 바와 같이 프랜차이즈 산업 전체의 규모가 5년간 급속도로 성장하고 있는 것을 볼 수 있다. 프랜차이즈 시장이 이렇게 급속도로 커진 원인은 앞서 설명한 프랜차이즈의 순기능도 있지만, 국내프랜차이즈의 경우 직영점이나 가맹점 없이도 가맹본사가 될 수 있을 정도로 진입이 쉬워, 너도 나도 난립하다가 외형적 급성장이 된 부정적인 측면도 있다.

유행하는 아이템이 생기면 우후죽순으로 미투 브랜드가 생겨나고, 이로 인하여 수많은 예비 창업자들이 창업시장에 뛰어들었다가 피해를 보는 경우가 허다하다. 그럼에도 불구하고 향후에도 프랜차이즈 시장은 지속적으로 성장할 것으로 예상된다. 경기 침체로 인한 취업률 하락은 결국 청년들의 창업을 부추길 것이고 중장년층의 명예퇴직률 증가 역시 향후 지속적으로 프랜차이즈 시장이 성장할 것으로 예상되는 이유가 될 수 있다.

시장이 성장하는 만큼 부정적인 기능에 대해서는 가맹사업법 개정을 추진하고 있는 '1개 직영점을 1년 이상 운영을 한 본부에 한해 가맹점 모집을 허용하는 가맹사업 1+1제도' 등의 제도 개선을 통하여 국회 또는 정부가 직접 나서서 가맹점의 피해가 최소화될 수 있는 방안을 만드는 것이 중요할 것으로 보인다.

2) 프랜차이즈 조직구조

프랜차이즈 가맹본부의 구성은 크게 경영관리, 물류, 가맹사업(영업부문)으로 구성되어 있다.

| 프랜차이즈 회사 조직도 |

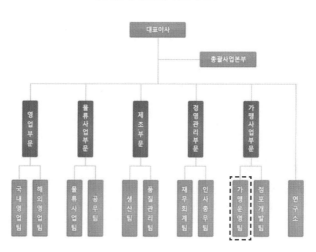

여러 부서 중 가맹점 점포, 매출관리 및 가맹본의 비전 전달 등 현장에서 직접 소통하고 업무를 수행하는 부서는 슈퍼바이저들로 구성된 가맹운영팀이다.

가맹운영팀의 주요 업무는 1) 매장 개점업무 2) 운영 3) 교육 등의 업무가 있다.

부서	주요업무	업무내용
가맹 운영	개점(AFC)	•가맹점 개점 지원, Assistant Field Counselor
	운영 (SV)	•경영실적 분석 및 관리 (가맹점 운영 및 매출계획 수립 등) •상품(서비스)별 원가, 손익 분석, 가격 검토 •시장환경 및 경쟁업체 동향, 소비자 동향 조사 •가맹점 지도 관리 업무 (경영지도, 판촉 , 폐점, 클레임, 미수채권, QSC 등)
	교육	•교육훈련 기본 방침 수립 및 교육훈련 계획 수립 •교육 프로그램 설계와 개발 •가맹점 및 직원 교육과정, 교재개발 / 운영 / 관리 •사외위탁교육 계획 및 운영 •사내강사 양성 및 관리

이제부터 본격적으로 가맹점 운영 관리를 담당하는 슈퍼바이저에 대하여 알아보도록 하자!

Chapter 2

슈퍼바이저가
왜 프랜차이즈 성공 열쇠를
쥐고 있을까?

슈퍼바이저는 무엇일까?

　최소 수십 개 이상의 직영점 및 가맹점을 보유하고 있는 프랜차이즈 회사들은 가맹점과 본사 간의 긴밀한 관계 유지를 위한 중간역할 및 점포의 영업관리를 수행하는 SV(SuperVisior) 또는 FC(Field Consultant)라고 칭하는 직원을 채용한다.

　슈퍼바이저 업무는 점포의 숨겨진 문제 및 점포손익에 대한 자세한 분석을 바탕으로 상품진열, 상품구색 맞추기, 각종 행사 등을 진행하며 담당 점포별 상황에 맞는 상권, 고객층, 고객 니즈에 맞춘 점포를 만들어 나가는 일종의 컨설팅을 한다고 보면 된다.

　슈퍼바이저와 가맹점주와의 만남은 오픈 전부터 시작된다. 오픈 전 가맹점주의 성향 및 가맹점 교육 습득능력 등을 파악하여 오픈 후의 전개방향을 설정한다. 오픈 전부터 이후까지 슈퍼바이저는 회사를 대표해서 가맹점주와 꾸준한 교류를 하고, 회사와의 긍정적인 관계를 유지하도록 노력하는 밀접한 소통창구라고 할 수 있다. 그러므로 슈퍼바이저의 역할은 회사의 생사가 결정될 수 있을 정도로 중요하다.

편의점 입사 초기에 '프랜차이즈는 상품, 메뉴, 행사 등이 일률적으로 시스템화 되어 있어 슈퍼바이저의 역할은 단순히 가맹점주에게 회사의 정책 및 마케팅 방향에 대한 내용을 전달하고 확인 정도만 하면 되는 단순 업무이고, 가맹점 매출상승은 가맹점주의 노력만이 중요할 뿐, 슈퍼바이저의 역할은 그다지 필요하지 않다.'고 생각을 한 적이 있었다.

하지만 그러한 생각을 바꿔 준 사례가 있었다. 편의점 업체 재직 당시 한 슈퍼바이저는 SWOT 분석과 점포환경 분석 및 매출 상승을 위한 일, 주간, 월별 단위 세부 실행전략을 체계적으로 준비하여 가맹점주에게 안내 및 교육을 하고, 관심을 갖지 않는 가맹점주에게는 심야시간까지 찾아가 매장 진열 등을 도와주면서 신뢰관계를 쌓고, 자신의 방향으로 따라올 수 있도록 노력하였다.

본인이 담당한 15개 점포의 활성화 진행사항에 대해 철저하게 분석하고 가맹점주와 꾸준히 소통하여, 3개월 후 담당했던 점포의 절반 이상이 상권변동 없이 전년 대비 일매출 평균 20% 이상 신장하였다. 그로 인해 가맹점주는 담당 슈퍼바이저에 대한 신뢰도 상승과 점포관리 컨설팅에 대한 적극적인 협조로 꾸준히 매출상승을 보이는 긍정효과와 함께, 이러한 좋은 사례가 해당팀과 영업본부 전체로 전파되어 긍정적인 에너지를 줄 수 있는 좋은 밑거름이 되었다.

슈퍼바이저 업무 수행 시 본사에 우호적이지 않은 가맹점에 대해서는 단순한 메신저 역할과 점포 클레임 처리만 하는 경우가 있어 회의감이 드는 경우가 많다. 과거 프랜차이즈 가맹본부 경영의 우선순위는 가맹점 개설증대였으며, 영업직원이나 물류 직원이 슈퍼바이저 업무를 겸하는 등 슈퍼바이저에 대한 중요도가 크지 않았다. 그러나 최근에는 인식이 많이 바뀌어 본사의 단순 메신저 역할이 아니라 매출증대와 효율개선, 점포 애로사항 해결 등 슈퍼바이저의 전문성 및 역할의 중요성이 재조명되고 있다.

슈퍼바이저의
통상적인 트레이닝 절차는?

프랜차이즈 회사에 입사하면 직영점에서 평균 1년 정도 근무 후 구매부서, 영업부서, 기획부서 등으로 배치를 받는다. 최근 직영점 근무기간이 이전보다 축소되긴 했지만 그래도 대부분의 회사들은 신입사원에게 반드시 일정 기간 직영점 근무를 경험시킨다.

| 슈퍼바이저가 되기 위한 단계별 과정 |

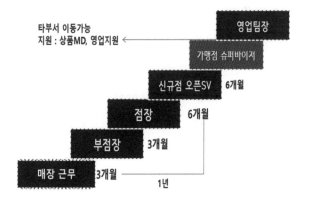

대학을 졸업한 신입사원들은 입사하면 바로 직영점포로 발령받아 매출관리, 재고관리 등의 영업관리업무를 배우면서 회사의 시스템과 관리노하우를 습득한다. 그러한 과정에서 적지 않은 직원들이 '열심히 공부해서 대학까지 졸업하고 취업했는데 매장에서 고작 이런 허드렛일을 해야 하나?'라고 생각하기도 한다.

　하지만 회사의 이익은 현장에서 발생되기 때문에 반드시 영업관리를 할 줄 알아야 직영점포 근무 후, 타부서에 배치되더라도 점포에서 이루어지는 부분에 대한 개선방안이나 여러 아이디어를 도출해 낼 수 있다. 특히 슈퍼바이저는 영업현장의 최전선에 있는 담당자로써 점포에서의 트레이닝은 필수적으로 거쳐가야 할 필요조건이다.

　점포관리를 하다 보면 '실제 점포를 운영하는 내가 최고의 전문가다.'라고 생각하는 가맹점주가 대다수이다. 그러다보니, 직영점장으로 근무 후 바로 특정지역을 배정받아 가맹점 관리를 시작하게 되면, 가맹점주가 무시하는 경우가 종종 있고, 업무숙련도가 높지 않다 보니 가맹점과 소통하는 과정에서 실수를 하는 경우도 있다. 필자도 가장 부담스럽고, 정신적인 스트레스가 심했던 시기가 그때였던 것으로 기억한다.

　그러나 이론적으로 모자란 부분은 채워 나가고, 경험상 모자란 부분은 시행착오를 겪으며 되풀이되지 않도록 학습한다면 훌륭한 슈퍼바이저가 되는 밑거름이 될 것이다.

슈퍼바이저가 기본적으로 갖추어야 할 자질과 지양해야 할 행동은?

슈퍼바이저 직무를 담당할 사람이라면 필수적으로 **갖추어야 할 자질**이 있다.

첫째, 직영점 근무 경험을 통한 현장감각

현장에서 이루어지는 모든 상황을 몸으로 직접 체득해 봐야 가맹점 관리를 하더라도 당황하지 않고 문제 해결 능력을 갖출 수 있는 것이다.

둘째, 점포 관리 및 운영(Management)에 대한 분석력 및 설득력

점포 운영에 대하여 스스로 많은 학습이 필요하다. 슈퍼바이저는 최소 10개 이상의 점포를 관리하기 때문에 여러 점포의 장단점 파악이 가능하다. 이를 토대로 운영을 잘하는 점포의 수익성 또는 상품관리 분석을 통하여 다른 점포에 DNA를 이식시켜 주는 논리적인 설득력도 필요하다.

셋째, 역지사지의 마음과 마인드 컨트롤

슈퍼바이저와 가맹점주는 점포 매출 및 수익에 따라 항상 좋은 관계를 유지하기가 어렵다. 예상했던 수익이 발생되지 않는 점포의 가맹점주가 회사에 불만을 갖게 되면 슈퍼바이저에게 항상 불만을 얘기하고, 심지어 심한 욕설을 통한 정신적 충격을 가하기도 한다. 이럴 경우 맞대응하는 것이 아닌, '가맹점주가 이렇게 할 정도로 많은 어려움이 있구나.'라고 하는 역지사지의 마음을 가지고 마인드 컨트롤하는 것이 중요하다.

넷째, 가맹본부와 가맹점 사이의 중립성

슈퍼바이저는 가맹본부와 가맹점 사이에서 아슬아슬한 줄타기를 할 수밖에 없다. 가장 위험한 경우가 가맹점주가 슈퍼바이저는 '본사의 앵무새 역할만 한다.'라고 생각하는 것이다. 이런 인식이 생길 경우에는 절대 가맹점의 협조를 얻을 수 없다. 그래서 항상 가맹점주와 소통할 경우에는 어느 쪽에도 치우치지 않는 중립적인 자세를 유지하는 것이 중요하다. 오히려 가맹점주와 소통 시에는 가맹점의 편을 들어 주려고 하는 자세가 더 필요할 수 있다.

다섯째, 넓은 시야를 바탕으로 적극적으로 벤치마킹하려는 자세

내가 관리하는 점포가 치킨업종이라고 해서 무조건 치킨업종 트렌드만 연구해서는 안 된다. 치킨뿐만 아니라 피자, 햄버거, 넓게는 분식 시장의 트렌드까지도 꾸준히 연구하여 적극적으로 벤치마킹을 하는 습관을 가져야 한다. 예를 들어, 최근에는 주춤하지만 마라열풍이 불기 시작할 때 '치킨이랑 마라는 어울리지 않아.'라는 생각보다는 트렌드 지수 등을 분석한 후, 선도적으로 해당 업종에 도입할 수 있도록 제안하여 이슈 선점을 하는 것이 중요하다. 설령 잠깐의 히트를 치고 매출하락이 되더라도 소비자들한테는 치킨 업종에서 뭔가 트렌드를 이끌어 가는 브랜드라는 인식을 심어 줄 수 있기 때문에 긍정적인 효과가 분명히 있을 것이다.

이와는 반대로 절대 **갖추지 말아야 할 자질**이 있다.

첫째, 다른 가맹점과의 비교

'점주님, A점포는 이렇게 운영하시는데 점주님 점포는 왜 이런 식으로 운영하세요?'

가장 하지 말아야 할 소통방식이다. 같은 브랜드의 가맹점인데 비교를 당하게 되면 사기가 떨어지고 자존심이 상하게 된다. 이럴 경우, 결국에는 본부의 정책에 비협조적으로 나오는 경우가 많다. 절대 다른 점포와 비교를 해서는 안 되고, 'A점포 성공사례' 등의 자료를 만들어서 제공하는 것이 훨씬 효율적이다. 그 자료를 본 가맹점주는 자신의 점포에 필요하다고 생각되면 적극적으로 그러한 부분에 대하여 변화를 줄 것이다.

둘째, 친절함을 넘어선 아부

비즈니스 관계에서 적당한 친절함은 당연히 필요하나, 친절함을 넘어 아부하는 모습으로 느껴진다면, 가맹점주 입장에서는 오히려 무슨 꿍꿍이가 있을 것이라고 생각하게 되고, 신뢰감이 떨어질 수밖에 없다.

셋째, 무리한 업무 추진

신메뉴나 신제품이 출시되면 대부분의 슈퍼바이저는 가맹점 도입율에 대한 목표가 주어진다. 전체 점포가 적극적으로 도입을 하면 좋겠지만, 신메뉴 또는 신제품이 상권에 적합하지 않을 경우, 점주에게 무리하게 도입을 강요하는 것은 나중에 역효과가 날 수 있다는 점을 명심해야 한다. 또한, 신제품 도입의 양을 처음부터 무리하게 강요하는 것도 절대 하지 말아야 할 행동이다.

| 일본 편의점 프랜차이즈 Lawson 슈퍼바이저의 자질 |

Chapter 3

슈퍼바이저라면
기본은 알고 가재 가맹사업법

　가맹사업을 하는 가맹본부와 가맹본부와 계약을 하여 가맹점을 하는 가맹점주는 '가맹사업거래공정화에 관한 법률'을 따른다. 짧게 '가맹사업법'이라고 칭한다.

　가맹사업법은 2002년 5월 13일에 제정된 법이다. 가맹사업법 1조 가맹사업법의 목적에서는 '가맹사업법은 가맹사업의 공정한 거래질서를 확립하고, 가맹본부와 가맹점사업자가 대등한 지위에서 상호보완적으로 균형 있게 발전하도록 함으로써 소비자 복지의 증진과 국민경제의 건전한 발전에 이바지함을 목적으로 한다.'라고 명시했다.

　가맹본부와 가맹사업자 개별 사업자 주체로써 서로가 균형 있게 발전할 수 있도록 하기 위해 제정한 법이라고 생각하면 된다. 프랜차이즈 급성장으로 인하여 가맹사업법의 위반사례 역시 많이 늘고 있는 상황이다.

　아래 도표는 가맹사업법 위반이 많은 사례를 순서대로 열거한 것이다.

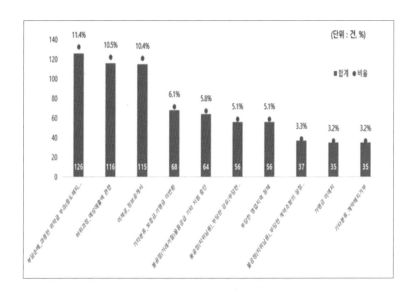

가맹계약을 위해서 필수적으로 예비가맹점주에게 제공해야 할 서류가 있다. 이 서류들은 전달만 하면 되는 것이 아니라, 제공 후 일정시간이 지나야 가맹계약을 체결할 수 있기 때문에 반드시 정확한 일정체크가 필요하다.

필수 제공서류 일정사항을 보면, 첫 번째로 창업을 희망하는 예비 가맹점주에게 정보공개서+인근 가맹점 현황문서+가맹계약서를 제공해야 하고, 두 번째로 예상매출 산정서를 제공해야 한다.

이 업무들은 대부분 개발 직무를 담당하는 직원들이 주로 하지만, 중소형 프랜차이즈 기업들의 경우 개발업무와 영업관리 업무를 동시에 하는 경우도 많기 때문에 슈퍼바이저 직무를 하는 담당자라도 반드시 알아야 할 내용들이다.

 여러 종류의 위반 및 분쟁사례들 중에 슈퍼바이저 업무와 직접 연관되며 반드시 명심해야 할 3가지에 대해 알아보도록 하자.

가맹계약에 필요한 서류에 대해
쉽게 생각했다간 큰코다친다

1) 정보공개서+가맹계약서+인근가맹점 현황문서

[가맹사업법 제7조]
'가맹계약서/정보공개서 등을 제공한 날부터 14일이 지나지 아니한 경우에는 가맹계약을 체결하거나 가맹금을 수령하는 행위를 할 수 없다.'

⇒ '정보공개서+가맹계약서+인근가맹점 현황문서를 제공한 일로부터 14일이 지나야만 가맹계약 또는 가맹금 수령을 할 수 있다.'는 점을 명심해야 한다.

헷갈릴 수도 있을 것 같아 예시로 일자 체크를 해 보겠다. 만약 1월 1일에 정보공개서 제공을 했다면, 가맹계약 체결 가능일자는 언제일까?

원칙적으로 14일이 지나야 하니까 어떤 사람은 1월 15일, 어떤 사람은

1월 16일이라고 할 것이다.

정답은 1월 16일이다. 쉽게 설명하면, **제공일에 15일을 더하면 된다.**

1월 1일+15일=1월 16일이 되는 것이다.

그렇다면 정보공개서란 무엇일까?

간단하게 말하면 '**회사에 대한 정보를 예비창업자에게 공개하는 공식화된 자료**'이다.

정보공개서에 필수로 기재해야 하는 사항은 다음과 같다.

① 정보공개서의 표지

가. 가맹본부의 상호, 영업표지, 주된 사무소의 소재지, 가맹본부 인터넷 홈페이지 주소

나. 가맹사업 담당부서, 가맹사업 안내 전화번호

다. 정보공개서의 등록번호 및 최초등록일, 최종등록일

② 가맹본부의 일반현황

가. 가맹본부의 설립일, 법인등록번호

나. 최근 3년간 가맹사업 경영한 적이 있거나, 경영중인 특수관계인의 명칭, 상호, 영업표지, 주된 사무소 소재지

다. 외국기업인 경우도, (나)와 동일하고, 추가로 국내에서 영업을 허락한 기간을 명시해야 한다.

라. 정보공개 바로 전 3년간 다른 기업을 인수, 합병하거나 인수 합병된

경우 해당기업의 명칭, 상호, 주된 사무소 소재지, 대표자의 이름

　마. 가맹희망자가 앞으로 경영할 가맹사업의 명칭, 상호, 서비스표, 광고, 그 밖의 영업표지

　바. 가맹본부의 정보공개 바로 전 3개 사업연도의 재무상황에 관한 정보

　사. 정보공개 바로 전 사업연도 말 현재 임직원수

　아. 정보공개일 현재 최근 3년 동안 가맹사업 경영했거나, 경영에 대한 사실

　자. 가맹본부가 가맹점사업자에게 사용을 허용하는 지식재산권의 정보

③ 가맹본부의 가맹사업 현황

　가. 가맹사업 시작일, 연혁, 업종

　나. 정보공개 바로 전 3개 사업연도 말, 영업 중인 지역별 가맹점 및 직영점 총 수, 3년간 신규개점, 계약종료, 계약해지, 명의 변경한 가맹점의 수

　다. 해당 가맹사업 외에 가맹본부 및 가맹본부의 특수관계인이 경영하는 가맹사업에 대한 정보

　라. 직전 사업연도에 영업한 가맹점 사업자 당 지역별 연간 평균 매출액과 산정기준

　마. 가맹사업을 경영하는 가맹지역 본부에 관한 정보

　바. 가맹본부가 바로 전 사업연도에 지출한 광고비 및 판촉비

　사. 가맹금예치에 관한 사항 및 피해보상보험계약 등의 체결내역

④ 가맹본부와 임원의 법 위반사실

⑤ **가맹점주의 부담내용**

가. 영업개시 이전의 부담(계약금, 가입비, 인테리어 비용, 초도상품 비용 등)

나. 영업 중의 부담(상표사용료, 광고판촉료, 시스템 유지비용 등)

다. 계약 종료 후의 부담(계약 연장 및 재계약 과정에서 추가부담비용, 종료 시 조치사항)

⑥ **영업활동에 대한 조건 및 제한**

가. 가맹사업을 경영하기 위하여 필요한 모든 부동산, 용역, 설비, 원재료 등에 관한 사항

나. 상품 또는 용역, 거래상대방 및 가맹점 사업자의 가격결정 제한하는 경우의 내용

다. 가맹점사업자의 영업지역 보호하기 위한 구체적인 내용

라. 계약기간 및 계약의 갱신, 연장, 종료, 해지 및 수정에 관한 상세 내용

마. 가맹점 운영권의 환매, 경업금지, 영업시간 제한, 가맹본부 관리감독 등의 상세 내용

바. 광고 및 판촉활동

사. 가맹계약 위반에 따른 손해배상 사항

⑦ **기타**

가. 영업개시에 관한 상세절차 및 교육훈련

나. 가맹본부의 경영 및 영업활동 등에 대한 지원, 교육훈련 설명

위의 사항들이 모두 기재되어야 정보공개서의 효력을 인정받을 수 있다.

원래 정보공개서 및 가맹계약서 전달을 하는 경우는 대부분 신규개설을 할 때 개발담당자의 업무이나, 슈퍼바이저 업무 중 A매장을 운영 중인 가맹점주가 신규 가맹점주에게 매장을 양도하는 양수도 계약을 진행하는 경우가 종종 있다.

신규 개설할 때와 마찬가지로 매장 양수도 계약 시에도 반드시 정보공개서/가맹계약서 제공일자를 반드시 지켜야 한다. 법으로 명시되어 있고, 위반 시 과징금 부과 외에 기업 이미지에도 부정적인 영향을 미칠 수 있기 때문에 사소한 실수가 발생하지 않도록 담당 슈퍼바이저가 여러 차례 확인해 봐야 할 사항이다.

이전보다는 빈도수가 적어졌으나, 중소 프랜차이즈업체의 경우 예비 가맹점주가 창업결정을 하였음에도 14일의 숙고기간으로 가맹계약이 지연되고 오픈 역시 지연되기 때문에, 가맹점주 입장에서 피해를 보는 것을 원치 않아 '정보공개서 제공일자'를 기존 제공일보다 앞당겨서 수정하고 계약하는 경우가 간혹 있다. 아무리 가맹점주가 원해도 그러한 유혹에 넘어가서는 안 된다.

가맹점주가 원한다고 해서 절대 정보공개서 및 가맹계약서 제공일자를 수정하면 향후에 결국 문제가 발생할 가능성이 있다. 정보공개서 제공원칙을 위반하게 되면 해당 점포의 매출과 상관없이 악성 가맹점주는 담당 슈퍼바이저나 회사에게 관련 내용으로 협박을 하거나 가맹사업법 위반사항을 빌미로 금전을 요구하는 경우도 있다. 그러므로 어떠한 경우에도 정보공개서 및 가맹계약서 제공관련 일정은 반드시 준수해야 한다.

예비 가맹점주 최초 상담 시에 개인정보수집 이용동의서 수취 후 정보공개서 및 가맹계약서를 서면 또는 E-mail로 발송한다.

정보공개서 및 가맹계약서 제공방법은 1) 직접 전달(책자, CD) 2) 전자우편 3) 등기우편이 있고, 슈퍼바이저는 E-mail 수신 확인, 등기우편 수취 등 해당 문서를 예비 가맹점주가 수취했다는 사실을 증명할 수 있어야 한다.

정보공개서 및 가맹계약서 제공 시 유의사항은 장래 점포예정지에서 가장 인접한 점포 10개(광역지자체 내 10개 미만인 경우에는 지자체 내 점포 전체)의 상호, 연락처 등이 적힌 인근가맹점 현황문서를 정보공개서와 함께 제공해야 한다.

인근가맹점 현황 문서 제공 시 '광역지자체 내 10개 점포'라는 점을 반드시 명심해야 한다. 예를 들어 서울의 어떤 후보점을 기준으로 10개 점포 리스트를 만들 때 A가맹점은 100미터 거리에 있고, B가맹점은 60미터 거리에 있다. 단순히 생각하면 10개 리스트 안에 60미터 거리에 있는 가맹점은 반드시 포함이 되어야 한다. 하지만, B가맹점의 광역지자체가 경기도라면 상황이 달라진다.

광역지자체 내 10개 점포리스트를 제공해야 하기 때문에 경기도에 있는 B가맹점은 아무리 가깝더라도 리스트에 포함시켜서는 안 된다. 이 부분으로도 추후 분쟁이 벌어지는 경우가 종종 있기 때문에 실수하지 않도록 유의해야 한다.

그리고 가맹점 거리는 포털사이트 지도상에 도보거리를 통하여 책정하는데 가맹점까지의 거리가 애매한 경우가 있다. 이런 경우에는 분쟁소지를 미연에 방지하기 위하여 10개가 아닌 15개 점포리스트를 제공하면 된다.

필자 역시 인근 가맹점 현황을 작성할 때 10개가 아닌 15개, 20개를 제공하기도 했다. 예비가맹점주에게는 '원래 10개 점포현황만 제공하면 되는데, 14일의 숙고기간 동안 더욱 면밀히 여러 곳을 다녀 보시라고 15개 점포리스트를 제공해드리겠습니다.'라고 말하면 오히려 더 고마워하는 경우가 많았다.

| 개인정보 수집 및 이용동의서 예시 |

개인정보 수집 및 이용 동의서

■ 수집하는 개인정보 항목

성명		생년월일	
주소			
전화번호		휴대전화	
이메일 주소			

■ 상기 본인은 아래와 같이 ㈜코리아세븐이 본인의 개인정보를 수집 및 이용하는 것에 동의합니다.

개인정보 수집 및 이용 목적	◎가맹사업법 등 관련법에 따른 정보공개서 제공의무 등의 이행 ◎가맹계약 체결 및 이행과정에서 소정의 ㈜코리아세븐의 가맹 절차에 따른 가맹계약서, 예상매출액산정서, 인근가맹점현황 등의 제공 및 제공사실 확인서 수취 ◎이메일 또는 내용증명우편을 통한 연락, 본인확인, 안내, 민원처리 등 가맹계약 체결 및 이행 업무의 수행(정산업무 등) ◎상품대금지급의무 등의 가맹계약상 제반 이행 및 제반 권리행사
수집하는 개인정보의 항목	◎필수항목: 성명, 생년월일, 주소, 전화번호, 휴대폰번호 ◎선택항목: 이메일 주소
개인정보의 보유기간 및 이용기간	◎(가맹계약 체결 단계)상기 정보는 ㈜코리아세븐과 가맹계약 체결에 이르는 과정에서 보유 및 이용되며, 가맹계약이 체결되지 않는 것이 분명해진 경우 또는 본인이 개인정보에 대한 삭제의사를 표시하는 경우에는 수집된 개인정보를 열람 또는 이용할 수 없도록 파기 처리합니다. ◎(가맹계약 체결 이후)상기 정보는 ㈜코리아세븐과의 가맹계약이 종료된 후 3년 동안 보유 및 이용되며, 그 이후에는 수집된 개인정보를 열람 또는 이용할 수 없도록 파기 처리합니다. 다만 개별법령에서 3년보다 장기간으로 개인정보 보관기간을 정한 경우에는 그에 의하며, 이 경우 ㈜코리아세븐은 오로지 보관의 목적으로만 이용합니다.
동의를 거부할 권리 및 동의 거부시 불이익	◎귀하는 위 사항에 대하여 동의를 거부할 권리가 있습니다. 필수항목에 대하여 거부할 경우에는 계약 체결 및 이행, 종료 및 정산에 제한이 있음을 알려드립니다. ◎선택항목에 대하여 동의를 한 경우에는 가맹희망자에게 이메일로 정보제공시점을 확인하나, 동의를 거부한 경우에는 내용증명우편을 통하여 정보제공시점을 확인함을 알려드립니다.

본인은 ㈜코리아세븐이 상기 필수항목에 대한 개인정보를 수집 및 이용하는 것에 동의합니다.

동의함 □   동의하지 않음 □   *(해당 항목에 V표시를 하십시오)*

본인은 ㈜코리아세븐이 상기 선택항목에 대한 개인정보를 수집 및 이용하는 것에 동의합니다.

동의함 □   동의하지 않음 □   *(해당 항목에 V표시를 하십시오)*

본인은 본 "개인정보 수집 및 이용 동의서를 읽고 명확히 이해하였으며, 이에 동의합니다.

20   년   월   일

성 명: (인)

㈜코리아세븐 귀중

| 정보공개서 제공 확인서 예시 |

정보공개서 제공 확인서

성   명:
주민등록번호:
주   소:
연 락 처:

상기인은 _____ 소재지에서 7-ELEVEN 점포 Open을 희망하며, 이에 다음과 같은 사항을 확인합니다.

- 다   음 -

1. 정보공개서 제공일자 : 20 년   월   일

2. 상기인은 위 일자에 ㈜코리아세븐으로부터 7-ELENEN 가맹계약 체결을 위한 정보공개서를 제공 및 설명 받았음을 확인합니다.

20 년   월   일

위 확인인   (인)

㈜코리아세븐 귀중

| 인근 가맹점 현황문서 예시 |

인근가맹점 현황문서

가맹희망자의 장래 점포 예정지에서 가장 가까운 가맹점(직영점포함) 10개의 일반정보는 다음과 같습니다. 단, 해당 광역지방자치단체에서 영업 중인 가맹점이 10개 미만인 경우에는 해당 광역지방자치단체내의 가맹점 전체 현황을 제공하며, 장래점포예정지가 확정되지 아니한 경우에는 확정되는 즉시 제공하겠습니다.

점포예정지역				브랜드명		
구분	상 호	대표자명		소 재 지		전화번호
1						
2						
3						
4						
5						
6						
7						
8						
9						
10						

확인서1 : 인근가맹점 현황문서 제공확인서

본인은 위와 같이 가맹점 현황을 제공받았음을 확인합니다.

년   월   일   본인 성명: (인)

| 정보공개서 E-mail 발송내역 예시 |

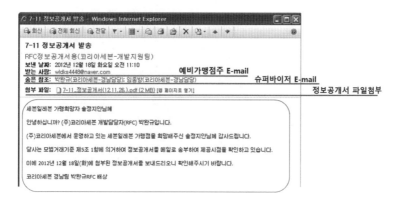

◆ 정보공개서 위반사례

한국맥도날드, 가맹사업법 위반으로 과징금 5,200만원

공정거래위원회는 한국맥도날드가 가맹금을 지정된 금융기관에 맡기지 않고, 가맹희망자에게 정보공개서 등을 사전에 제공하지 않아 시정명령과 함께 과징금 5200만원을 부과했다고 25일 밝혔다.

맥도날드는 패스트푸드 가맹 사업을 희망하는 창업 희망자들과 계약을 체결하고 수령한 가맹금을 지정된 금융기관에 예치하지 않고 법인 계좌로 직접 수령했다. 맥도날드가 2013년 9월부터 2016년 11월까지 22명의 가맹 희망자들에게 직접 수령한 가맹금은 총 5억4400만원이다. 가맹사업법에 따르면 가맹본부는 가맹점의 가맹금을 직접 수령하지 않고 은행 등 지정된 금융기관에 맡겨야 한다.

불독버그 제공

또, 맥도날드는 2014년 5월부터 2015년 11월까지 가맹 희망자에게 정보공개서와 인근 가맹점 현황문서를 제공하지 않았다. 가맹사업법 상 가맹본부는 가맹 사업 현황, 가맹점 사업자의 부담 내용, 영업 개시 상세 절차 등을 설명하는 정보공개서 및 인근 가맹점 현황문서를 계약 체결·가맹금 수령일보다 14일 먼저 제공해야 한다. 이는 가맹 희망자가 충분한 정보를 바탕으로 시간을 두고 합리적 판단을 할 수 있도록 하기 위함이다.

출처: 조선비즈 (19.06.25.)

가맹사업법 위반한 하남돼지집 가맹본부에 과징금 5천만원

위반한 하남돼지집 가맹본부 하남에프앤비가 공정거래위원회로부터 5천200만 원의 과징금을 부과받았습니다.

공정위는 가맹점주와 처음 계약을 맺을 때 점주들에게 받은 예치가맹금을 본부가 임의로 직접 수령하고, 정보공개서·가맹계약서 사전제공 의무를 위반하는 등 가맹사업법을 위반한 하남에프앤비에 시정명령과 과징금 부과를 결정했다고 오늘(17일) 밝혔습니다.

하남에프앤비는 2012년 8월부터 2017년 9월까지 65명의 가맹희망자와 계약을 맺으면서 가맹금 9억 9천500만 원을 법에 따라 예치기관을 통해 받지 않고, 직접 수령했습니다.

현행 가맹사업법은 계약희망자의 피해를 막기 위해 계약체결 전에 본부에 낸 가맹금은 시중은행·우체국 등 예치기관을 통해 받도록 규정하고 있습니다.

이 회사는 가맹희망자에게 미리 제공해야 하는 정보공개서와 인근 가맹점 현황 문서를 주지 않거나 불완전한 정보를 제공하고, 정보 제공 후 법이 정한 유예기간(14일)을 지키지 않고 계약을 체결하는 등 정보제공과 관련해 222건의 법 위반을 했다고 공정위는 밝혔습니다.

또 36건의 가맹계약에서 가맹계약서를 사전에 제공하지 않은 사실도 적발됐습니다.

가맹 정보공개서는 가맹점의 전년 평균 매출과 가맹점주의 부담, 영업지역 보호 등 가맹사업을 시작할 때 필요한 정보를 담은 문서로 가맹희망자가 본부와 계약을 맺기 14일 전까지 반드시 볼 수 있게끔 법으로 정하고 있습니다.

공정위는 정보공개서와 가맹계약서 미제공에 대해서는 교육명령을 포함한 시정명령을 내리고, 가맹점이 직접적으로 피해를 볼 수 있는 가맹금 미예치 행위에 대해서는 과징금 5천200만 원을 부과하기로 결정했다고 설명했습니다.

출처: KBS 뉴스 네이버 지면기사(19.04.17.)

2) 예상매출산정서

[가맹사업법 제9조 5항]

'가맹본부는 가맹계약을 체결할 때 가맹희망자에게 대통령령으로 정하는 예상매출액의 범위 및 그 산출 근거를 서면으로 제공하도록 한다.'

⇒ 위 조항에서 언급한 예상매출액의 범위 및 산출근거가 담긴 서면이 바로 '예상매출산정서'이다. 정보공개서+가맹계약서+인근 가맹점 현황문서

는 가맹계약 14일 전 제공해야 하나, **예상매출산정서 제공일은 '가맹계약을 체결할 때'라고 명시되어 있기 때문에 원칙적으로 먼저 제공할 필요는 없다.** 그러나, 가맹점주 입장에서는 중요한 정보이기 때문에 가급적이면 가맹계약 체결 1주일 전에는 제공해 줄 것을 권장한다.

※ 그렇다면 예상매출산정서란 무엇일까?

예상매출의 범위 및 그 산출근거가 담긴 서면을 '예상매출 산정서'라고 한다.

예상매출 산정서 제공과 관련된 사항은 다음과 같다.

가. 중소기업이 아니거나 직전 사업연도 가맹점 수가 100개 이상인 가맹본부가 대상이다.

나. 제공의무가 없는 가맹본부인 경우에도 과거의 수익상황이나 장래의 예상수익상황에 대하여 반드시 서면으로 제공해야 한다.

다. 가맹희망자에게 제공한 예상매출 산정서는 5년간 보관해야 할 의무가 있다.

가맹사업법에 따르면 가맹본부가 **예상매출을 산정하는 방식은 다음의 2가지 방식**이 있다.

가. 가맹본부 예측에 의한 방식

가맹본부의 예측으로 영업개시일 이후 1년간 예상매출액의 최저액과 최고액을 정하는 방식으로 최고액은 최소액의 1.7배를 초과하면 안 된다. 예를 들어 예상매출 최저액이 1,000만원일 경우, 최고액은 1,700만원을 초과할 수 없다.

나. 인근가맹점의 매출액 활용 방식

오픈 예정지의 **광역시도 내 영업기간이 6개월 이상인 가맹점 중에 가장 인접한 인근 가맹점 5곳 중 매출액이 가장 큰 곳과 가장 작은 곳을 제외한 나머지 3개 가맹점이 기준이 된다.**

예상매출액 기재 방식도 글자가 선명하도록 붉은색을 사용하고 고딕체로 굵게 작성해야 하며, **인근 가맹점 매출액을 기초로 예상매출액을 추산할 경우에는 인근 가맹점의 직전 사업연도 매출액을 전용면적 1㎡당 매출액으로 환산하여 제공해야 한다.**

■■■동덕점 예상매출액 산정서

㈜코리아세븐은 「가맹사업거래의 공정화에 관한 법률」 제 9조 제 5항에 따라 귀하에게 이 예상매출액 산정서를 드립니다.

20 년 월 일

본 자료는 ㈜코리아의 자산이오니 외부유출을 금합니다.

주의 사항

① 이 산정서는 귀하께서 체결하려는 가맹계약 및 해당 가맹사업의 **예상 매출액의 범위 및 산출근거**에 관한 정보를 담고 있으나, 가맹본부의 자료에 기초하여 작성된 것이므로 사전에 **그 내용의 타당성을 충분히 파악한 후에 계약 체결 여부를 결정**하시기 바랍니다.

② 이 산정서는 **2015년 11월 9일 기준으로 작성 (작성자 : 강남구, ☎ 010-4702-0000)** 되었습니다.

① 이 산정서에 기재된 **예상매출액의 범위**는 가맹계약 체결 이후 상권변 화, 제품 수요 변화, 가맹점사업자의 노력 차이 등의 사유로 **변동될 수 있음**을 유의하시기 바랍니다.

점포 예정지에 관한 사항

1) 주소 : 서울 성북구 00동 27-9   2) 기존 업종(상호) : 식당(공실)
3) 점포 규모

층구조	계약면적	전용면적	전면길이	측면길이
지상4F/지하1F	108㎡	㎡	9m	12m

■매장면적은 정밀실측과정에서 변동될 수 있습니다.

4) 임차 조건

보증금	권리금	월 임차료	월 관리비
100,000천원	-	4,000천원	실비

5) 점포 예정지 모습

건물(점포) 전면 사진	건물(점포) 측면 사진

예상 매출액에 관한 사항

✓ 인근 가맹점 매출액을 활용한 방식(가맹사업법 시행령 제9조 제4항에 의한 방식)

가. 직전 사업연도 인근 가맹점 매출 환산액의 범위

● 최고액(차상위액) : 전용면적 1㎡ 당   9,901 천원
  [직전 사업연도에 발생한 매출액   490,625 천원]

● 최저액(차하위액) : 전용면적 1㎡ 당   8,739 천원
  [직전 사업연도에 발생한 매출액   402,717 천원]

위 매출액은 1년 총매출액(Vat포함, 1년 영업일 365일 기준)입니다.

예상 매출액에 관한 사항

나. 직전사업연도 인근 가맹점 매출환산액의 범위와 산출근거

① 위 '가'의 직전 사업연도 인근 가맹점 매출환산액의 범위는 가맹사업거래의 공정화에 관한 법률 제 9 조 제 5 항 및 같은 법 시행령 제 9 조 제 4 항에서 정한 바에 따라 산출된 인근 가맹점 매출환산액의 최고액과 최저액을 말합니다. 구체적 산출방식은 ②에서 설명 드리는 바와 같습니다.

② 귀하의 점포예정지가 속한 광역자치단체에 소재하면서 귀하의 점포예정지에서 가장 인접한 당사의 5개 가맹점 중 다음 ③의 계산방법에 따른 직전 사업연도 매출환산액이 가장 작은 가맹점과 가장 큰 가맹점을 제외한 나머지 3개 가맹점을 기준으로 최고액(차상위액)과 최저 액(차하위액)을 산출하였습니다. 귀하의 이해를 돕기 위해 최고액(차상위액)과 최저액(차하 위액)에 해당하는 가맹점에서 직전 사업연도에 발생한 매출액을 함께 기재하였습니다.

가장 인접한 5개 가맹점의 직전 사업연도 매출환산액   (단위 : ㎡, 천원)

점포명	점포 전용면적	직전 사업연도 매출액	직전 사업연도 매출 환산액	비고
A 점	35	577,296	16,465	가장큼
B 점	50	490,625	9,901	차상위액
C 점	41	385,311	9,438	
D 점	46	402,717	8,739	차하위액
E 점	38	253,619	6,593	가장작음

예상 매출액에 관한 사항

③ 직전 사업연도 매출환산액은 인근 가맹점의 점포 전용면적을 기준으로 산출하였으며, 그 계 산 방법은 다음과 같습니다. 최고액은 ㉠(또는 ㉡)방식에 따라 산출되었으며, 최저액은 ㉠ (또는 ㉡) 방식에 따라 산출되었습니다.(인접한 가맹점의 매출 산정시 가맹사업거래의 공정 화에 관한 법률 시행령 제 9 조 제 4 항에 따라 직전 사업연도 영업기간이 6개월 이상인 가 맹점으로 한정합니다.)

㉠ 직전 사업연도의 영업기간이 1년인 경우

$$직전\ 사업연도\ 매출환산액\ =\ \frac{직전\ 사업연도에\ 발생한\ 매출액(원)}{점포\ 전용면적(㎡)}$$

㉡ 직전 사업연도의 영업기간이 6개월 이상 1년 미만인 경우

$$직전\ 사업연도\ 매출환산액\ =\ \frac{직전\ 사업연도에\ 발생한\ 매출액(원)}{점포\ 전용면적(㎡)}\ X\ \frac{365}{직전사업연도영업일수}$$

④ 위 ③의 직전 사업연도 매출환산액 계산 방법에 기재된 직전 사업연도에 발생한 인근 가맹 점의 매출액이란 해당 가맹점 POS(Point of Sales)상의 매출을 말합니다.

가맹희망자   는(은) ㈜코리아세븐에서 제공한 예상매출액 산정서를 열람,설명 받았음을 확인합니다.(단, 본 예상매출 산정서는 가맹계약 체결일에 제공하도록 한다.)

년   월   일

주   소 :
성   명 :   (서명)

허위 과장된 예상매출 제공은 점주뿐만 아니라 슈퍼바이저의 밥줄도 끊을 수 있다

앞서 이야기한 것처럼 기존매장 양도양수 계약 시에도 '개인정보동의서, 정보공개서, 예상매출 산정서, 가맹계약서'를 계약서 작성 전 제공해야 한다.

'정보공개서 제공일 준수' 이상으로 중요하고 가맹점주와 회사 간의 분쟁이 많이 발생하는 경우가 '예상매출 산정서' 관련된 사항이다. 신규가맹점 오픈 시 예상매출 관련하여 가장 분쟁이 많이 발생하지만 기존매장 양도양수 시에도 '허위과장 예상매출'로 분쟁이 빈번히 발생한다.

기존매장을 양수도하는 이유는

첫째, 가맹점 매출부진,

둘째, 건강악화

셋째, 거주지 이동 등이 있다.

이 중에서 매출부진으로 인해 가맹점을 양수도하는 경우가 대부분이다.

건강악화나 거주지 이동 등으로 양수도하는 경우도 있지만 매출이 높은 점포일 경우 건강악화, 거주지 이동 등의 사유가 있다면 군이 일정 부분 이상의 수익을 낼 수 있는 점포를 모르는 사람에게 넘기려고 할까?

이럴 경우에는 대부분 친인척이나 지인에게 양수도를 진행한다. 다만, 특수관계에 있는 사람에게는 권리금을 많이 받지 못할 수 있으니, 아예 모르는 사람에게 넘겨서 많은 이득을 보려는 양도자도 종종 있다.

결론적으로 대부분의 양수도 점포는 매출이 저조한 경우가 다반사여서 이를 진행해야 하는 슈퍼바이저의 입장에서 굉장히 부담스러운 것도 사실이다. 향후 상권이 발전하고 점포의 현재 운영력이 떨어져 매출 활성화를 통한 개선 가능성이 보이는 점포는 양수도를 검토해 볼 만하지만, 이러한 잠재력조차 없는 점포는 가능하면 폐점하는 것이 낫다. 하지만 폐점 시 떠안아야 할 피해가 점주 입장에서는 굉장히 클 수밖에 없어 담당 슈퍼바이저에게 부탁을 하게 되고 슈퍼바이저는 점주와의 우호적인 관계로 인해 양수도 진행에 대한 부탁을 거절하지 못한다.

기존 점포 양수도는 정확한 **기존 점포의 매출 및 손익자료를 제공**하고 객관적인 자료를 바탕으로 양수할 예비 점주에게 수익을 판단하게 하여 점포 인수를 결정하게 한다. 매출이 부진한 점포는 매출 DATA로 예비 점주를 설득하기가 당연히 어려울 수밖에 없다. 그런 이유로 슈퍼바이저는 **현재의 객관적인 DATA보다 주관적인 사항을 제시하여 예비점주를 설득하기도 한다.**

예를 들면 '기존 점주의 고객 서비스나 점포 관리가 너무 좋지 않아 고정고객을 다른 경쟁점에게 빼앗겼다.', '앞으로 주변상권에 호재가 많아져 매출이 무조건 오를 것이다.', '경쟁점도 상황이 좋지 않아 조만간 폐점할 예정이고 경쟁점 폐점 시 이 점포의 매출이 30% 이상 오를 것이다.' 등이 있다.

결국 양수도한 후 매출이 이전보다 상승한다면 다행이겠지만, 매출이 부진할 경우, 양수받은 점주는 양수도 과정에서 있었던 허위 과장정보 제공에 대한 부분을 공정거래위원회에 제소하기도 한다.

매출 부진 점포의 양수도 추진 당시 슈퍼바이저가 중립적인 부분을 지켰다면 문제가 되지 않겠지만, 그 과정에서 허위 과장 정보를 예비점주에게 제공했다면 이는 처벌 사유가 되기 때문에 본인뿐만 아니라, 가맹본부도 큰 이미지 타격을 받을 수밖에 없다.

앞서 언급한 대로 슈퍼바이저 업무를 명확하게 수행하려면 가맹점주와 관계는 감정적으로 치우치기보다는 중립적으로 일정하게 적정선을 유지하는 것이 중요하다.

점포에서 강제로 하는 발주가 아닌
자발적인 발주를 하도록 해라!

| 편의점 가맹점 삼각김밥 밀어내기 관련 기사 |

| 남양유업 대리점 '밀어넣기'로 인한 불매운동 |

| 남양유업 불매운동으로 인한 매출하락 추이 그래프 |

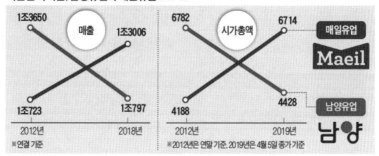

역전된 라이벌, 남양유업과 매일유업 (단위:억원)

편의점을 예로 들면 삼각김밥, 도시락 등 신상품이 출시되면 가맹본부에서는 슈퍼바이저에게 담당 점포에 대한 발주가 많이 이루어지도록 독려를 한다. 삼각김밥이나 도시락 등 유통기한이 평균 1~2일 내로 짧은 상품들은 판매가 안 될 경우 폐기 비용에 대한 리스크로 유통기한이 긴 상품들보다 점주에게 발주를 설득하기가 어렵다.

그렇기 때문에 신상품이 출시되면 해당 상권에 적합한지 판단하고, 해당 점포의 최근 동일 카테고리 상품판매량을 기반으로 객관적인 DATA를 제공해야 한다. 혹여나 실적압박으로 인한 부담감이 크더라도 임의발주 등의 문제가 될 만한 행동을 절대로 해서는 안 된다.

Chapter 4

가맹점주의 비용을 절감시켜 줄 유용한 세무상식

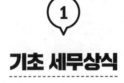

기초 세무상식

1) 사업자등록 신청 시 필요서류는?

　창업을 시작하기 전 점포 임대차계약이 이루어진 후, 반드시 사업자등록증을 발급받아야 한다. 사업자등록증은 아래의 서류를 구비하여 사업장 소재 관할 세무서 민원 봉사실에서 신청하면 된다.

가. 사업자등록 신청 시 제출서류
① 사업자등록신청서
② 인허가 사업인 경우 인허가 사본
③ 임대차계약서, 신분증

나. 공동사업자로 발급 신청 시 필요서류
① 동업계약서(공동대표 각자의 출자금액 및 손익배분율 기재)

② 임대차계약서(공동사업자 모두 계약서에 명기되어야 한다), 공동사업자 각자의 신분증

2) 사업자등록 신청일자의 의미는?

사업자등록신청일은 개업일에 관계없이 세무서 방문일이다. 부담한 부가가치세는 사업자등록신청일로부터 소급하여 20일까지만 소급이 가능하다.

예시)

가맹점주가 2019년 11월 1일(개업일은 10월 1일) 세무서 방문해서 사업자등록을 신청하였다. 본부가 발행한 세금계산서 작성일이 2019년 10월 1일인 경우 부담한 부가가치세 공제가 가능할까?

⇒ 부가가치세는 공제되지 않는다. 사업자등록 신청일부터 역산하여 20일 전(10월 12일)까지 세금계산서 작성이 되어야 부가가치세 공제가 가능하다.

그렇다면 사업자등록증이 없는 상태에서는 어떻게 하여야 할까? 사업자등록증이 없는 상태에서 세금계산서를 수령 시 가맹점주의 주민등록번호로 받으면 된다. 결론적으로는 사업자등록신청을 신속히 하면 부가가

치세 환급을 받는 데 유리하다.

3) 점포 임차 시 임차보증금, 임차료에 대한 부가가치세는?

우선 임대인에게 지불한 임차보증금은 가맹점주의 자산이므로 '세금 절세'와는 관련이 없다. 만약, 가맹점주가 **일반과세자 임대사업자인 임대인**과 임차료 300만원(부가가치세_VAT별도 또는 부가가치세 30만원 별도)로 임대차계약서 작성 시 가맹점주는 부가가치세 30만원을 포함한 330만원을 지불하고 임대인에게 세금계산서를 수령해야 한다.

지불한 부가가치세 30만원은 자영업자가 부가가치세 신고 시 부가가치세에서 공제(환급)되며, 임차료 300만원은 종합소득세 신고 시 '지급 임차료' 명목의 비용으로 인정된다.

반대로 **임대인이 간이과세 임대사업자**일 경우 임차료 300만원으로 임대차계약서 작성 시 가맹점주는 임대인에게 임차료 300만원만 지급하면 되고, 부가가치세 신고대상에서 제외된다. 임차료 300만원은 종합소득세 신고 시 '지급 임차료'로 비용이 인정된다.

4) 개인사업자와 관련된 세금신고기한은?

가. 부가가치세 신고기한

과세기간	과세대상기간		신고납부기간	신고대상자
제1기 1.1~6.30	예정신고	1.1~3.31	4.1~4.25	법인사업자
	확정신고	1.1~6.30	7.1~7.25	법인·개인일반 사업자
제2기 7.1~12.31	예정신고	7.1~9.30	10.1~10.25	법인사업자
	확정신고	7.1~12.31	다음해 1.1~1.25	법인·개인일반 사업자

일반적인 경우 **개인사업자는 1년 2회, 법인사업자는 1년 4회** 신고한다.

개인사업자(일반과세자) 중 사업부진자, 조기 환급발생자는 예정신고
와 예정 고지세액 납부 중 하나를 선택하여 신고, 납부할 수 있다.

예정신고 대상자는

- 신규사업개시자(일반과세자)

- 직전기에 환급받았거나 납부할 세액이 없는 사업자

- 간이과세자에서 일반과세자로 전환된 사업자

간이과세사업자는 1년을 과세기간으로 하여 신고, 납부하게 된다.

과세기간	신고납부기간	신고대상자
1.1~12.31	다음해 1.1~1.25	개인 간이사업자

나. 종합소득세 신고기한

1년 동안의 실적(1월 1일 또는 개업일~12월 31일)에 대해 **다음연도 5월 31일까지 종합소득세를 신고하고 납부**해야 한다.

다. 지방소득세 신고기한

지방소득세는 5월에 종합소득세 신고를 하면 주민세를 신고를 한 것으로 간주한다. 지방소득세는 **종합소득세(원천징수세액)의 10%**를 부담해야 한다.

가맹점을 위한 합법적인 절세 전략

1) 부가가치세 절세를 위해서는 내 점포의 특징을 정확히 알고 있어야 한다

가. 일반과세자와 간이과세자의 차이점

구 분	일반과세자	간이과세자
	1년간 매출액 4,800만원 이상이거나 간이과세 배제되는 업종·지역인 경우*	1년간 매출액 4,800만원 미만이고 간이과세 배제되는 업종·지역에 해당되지 않는 경우
매출세액	공급가액×10%	공급대가×업종별부가가치율×10%
세금계산서 발급	발급의무 있음	발급할 수 없음
매입세액 공제	전액공제	매입세액×업종별부가가치율
의제매입세액 공제	모든 업종에 적용	음식점업

※ 음식업자가 구입하는 농산물 구입가액 중 일정비율을 매입세액으로 인정해 부가가치세를 돌려주는 제도를 **의제매입세액 공제**라 한다. 즉, 음식점에서 농수산물을 구입하여 음식물을 제조 판매하는 것이기 때문에 부가가치가 창출된 것으로 매입세입공제가 가능한 것이다. 카페의 경우

도 면세인 커피원두, 우유 등을 제조하여 판매하기 때문에 매입세입공제가 가능하다.

광업, 제조업, 도매업, 전문직 사업자, 다른 일반과세 사업장을 이미 보유한 사업자, 간이과세배제기준(부동산매매업, 과세유흥장소)에 해당되는 사업자 등은 간이과세 적용에서 배제된다.

나. 간이과세자의 특징
- 간이과세자는 **매입세액이 많더라도 환급이 불가능**하다.
- 간이과세자는 영수증 외 **세금계산서 발급이 불가능**하다.
- 간이과세자는 **일반과세자 대비 5~30%만큼의 부가가치세를 부담**한다.

| 간이과세자 업종별 부가가치율 |

업 종	부가가치율
전기·가스·증기·수도	5%
소매업 재생용 재료수집 및 판매업 음식점업	10%
제조업, 농·임·어업 숙박업, 운수 및 통신업	20%
건설업, 부동산임대업 기타 서비스업	30%

- 간이과세자는 **개인사업자만 적용**이 가능하다(법인사업자는 불가능).

- **간이과세자는 연간매출액 합계가 2,400만원 미달일 경우 부가가치세 납부의무가 면제된다.**

- 간이과세자로의 혜택은 부가가치세에서만 있을 뿐 **소득계산은 일반 과세자와 동일**하게 적용된다.

다. 간이과세자의 단점

부가가치세 납부세액이 일반과세자에 비해 적기 때문에 선호하는 경향이 있지만, 간이과세자에게도 몇 가지 단점이 있다.

- 간이과세자는 부가가치세를 환급받을 수 없다.

일반과세자의 경우 매출액이 1,000원이고 매입액이 500원이라면 매출액과 매입액의 차액인 500원에 대한 부가가치세 50원을 추가로 납부해야 한다. 반대로 매출액이 500원이고 매입액이 1,000원이라면 일반과세자는 매입액이 많기 때문에 차액 500원에 대한 부가가치세 50원을 돌려받게 되지만, 간이과세자는 돌려받지 못한다.

사업을 시작하면, 설비나 인테리어 비용이 많이 드는데 무작정 간이과세자로 신청하면 낭패를 볼 수가 있다. **일정기간 매출보다 매입이 많을 것으로 예상하는 사업이라면 일반과세자로 등록을 해서 매입세액을 환급받는 것이 유리하다.**

환급이 많이 발생하는 업종으로 창업 시에는 반드시 일반과세자로 사업자등록을 발급받아 세금 환급에서 손해를 보는 일이 없도록 해야 한다.

- 세금계산서를 발행할 수 없어 부가가치세 매입세액 공제를 받지 못하므로 사업자들 간에 거래를 꺼릴 수 있다.

일반과세자의 경우 간이과세자에게 물품을 구입하면 부가가치세를 환급을 못 받기 때문에 일반과세자와 거래하기를 선호한다. 주고객이 일반소비자라면 크게 고려사항은 아니지만, **법인사업자라면 일반과세자를 선택하는 것이 더 좋다.**

라. 카드매출, 현금영수증 매출액에 대하여는 카드세액공제를 받을 수 있다

우선 **카드세액공제를 받기 위해서는 기본적인 요건**이 있다.

- 간이과세자

- 개인사업자 중 일반과세자

- 직전연도 공급가액이 10억원 이하인 사업장

다수의 점포를 운영하는 가맹점은 점포별로 공급가액을 산정하는 것이 아니라 점포 전체 공급가액으로 산정한다. 예를 들면, 1호점 공급가액 3억원, 2호점 공급가액 5억원, 3호점 공급가액 6억원이면 총 공급가액이

11억원으로(10억원 이상) 카드세액공제 대상이 아니다.

- 최종 소비자에게 재화 또는 용역을 공급하는 사업자

법인사업자는 상기 요건을 충족하지 못하는 사업자로 부가가치세 세액
공제가 불가능하다.

위 상기 조건이 충족되면 사업주가 올린 카드매출과 현금영수증 매출
에 대하여는 1.3%(1년 한도액 1,000만원)의 금액이 카드세액공제로 부가
가치세 납부 금액에서 공제되며, (음식점 또는 숙박업을 운영하는 간이과
세자)는 결제금액의 2.6%를 납부세액에서 공제된다.

※ 19년 개정세법에 신용카드매출세액공제 한도가 500만원 → 1,000만
원으로 상향조정

예를 들어 2020년 1월 1일~6월 30일까지 카드매출과 현금영수증 매출
액이 2억원이면 260만원(2억원×1.3%) 부가가치세가 공제된다.

마. 부가가치세 납부금액 계산법

예시)

2019년 1월 1일~6월 30일까지의 매출이 4,400만원(카드매출 3,000만
원, 현금영수증 500만원, 현금매출 900만원)이고, 매입액이 2,000만원(부
가가치세 200만원)인 서비스업 가맹점주의 부가가치세는 얼마인가?

- 간이과세자인 경우 부가가치세는?

| 간이과세자 업종별 부가가치세율 |

업 종	부가가치율
전기·가스·증기·수도	5%
소매업 재생용 재료수집 및 판매업 음식점업	10%
제조업, 농·임·어업 숙박업, 운수 및 통신업	20%
건설업, 부동산임대업 기타 서비스업	30%

① 매출세액: 4,400만원(공급대가) × 30%(업종별부가가치율) × 10%

= 1,320,000원

② 매입세액공제

매입 세금계산서 수취공제액 2,000,000원 × 30% = 600,000원

③ 신용카드, 현금영수증 공제

(3,000만원+500만원) × 1.3% = 455,000원

④ 납부 부가가치세

= ① - ② - ③ = 265,000원

- 일반과세자인 경우 부가가치세는?

① 매출세액: 4,000만원(공급가액) × 10% = 4,000,000원
② 매입세액공제
매입 세금계산서 수취공제액 20,000,000원 × 10% = 2,000,000원
③ 신용카드, 현금영수증 공제
(3,000만원+500만원) × 1.3% = 455,000원
④ 납부 부가가치세
= ① - ② - ③ = 1,545,000원

바. 부가세 조기환급은 무엇일까?

가맹점주가 시설장비, 비품 등의 유형자산을 구입하면서 부가가치세를
지불하고, 세금계산서를 수령 시 부가가치세 조기환급을 신청하면 기한
전에 환급해 주는 제도이다.

예시)

**2019년 10월 3일에 개업한 가맹점주가 본사에 시설비 등 3억원+부가가
치세 3천만원을 포함하여 3억3천만원을 지급하였다. 부가가치세 3천만원
을 조기환급 신청하면 언제 환급이 가능할까?**

본사는 10월 3일 날짜로 세금계산서를 발행하였다. 가맹점주는 다음달
인 11월 25일까지 조기환급을 신청하면 그 다음달인 12월 10일 내로 환급
이 가능하다. 조기환급 미신청 시 2020년 1월에 부가가치세를 신고하면

다음달인 2월 28일 내로 환급된다.

정리해 보면, 조기환급 신고는 매월 또는 예정신고기간 단위로 신고할 수 있으며, 조기환급 신고기간(매월 또는 예정신고기간)이 끝난 날부터 25일 이내에 조기환급 신고를 해야 한다. 부가가치세 조기환급 신고를 하면 각 조기환급 신고기간별로 그 신고기한이 지난 후 **15일 이내 환급을 받을 수 있다.** 창업 초기 높은 지출발생으로 가맹점주에게 조기환급은 점포운영에 큰 도움이 되며, 그러한 부분을 미리 안내해 준다면 가맹점주와 슈퍼바이저와의 좋은 관계가 형성될 수 있는 계기가 될 수 있을 것이다.

유의사항)

조기환급 신고를 한 경우 해당 기간의 부가가치세 신고는 별도로 하지 않고, 조기환급 신고 후에 부가가치세 예정신고 및 확정신고를 할 때 조기환급 신고기간을 합산해서 신고한다면 가산세를 납부할 수 있다.

부가가치세 조기환급 신고를 한 후 부가가치세 예정 또는 확정 신고 시 조기환급 신고기간의 매출, 매입을 합산해서 신고하지 않도록 주의해야 한다.

2) 점포운영과 관련된 비용 지출로 추후 공제 가능한 항목은 미리 알아 두자

점포운영과 관련된 비용 지출 시 증빙서류인 세금계산서, 신용카드영수증, 현금영수증 등을 보관하면 추후에 부가가치세를 공제받을 수 있다.

그러나, 부가가치세 혜택을 받지 못하는 경우가 있는데 가맹점주가 증빙서류를 구비했어도 사업장과 관련 없는 지출, 구입한 거래처가 간이과세자 또는 면세사업자, 간이영수증을 구비한 경우에는 부가가치세 혜택을 받을 수가 없다.

부가가치세 공제를 받지 못한 금액은 종합소득세 신고 시 비용으로 인정된다.

가. 사업용 차량을 구입 시에도 부가가치세가 공제 가능한 차종이 있다

가맹점주가 사업상 필요에 의해 신차를 구입할 경우 9인승 차량, 1,000CC 미만 경차, 트럭 등인 경우에는 부가가치세 공제가 가능하며, 공제된 차량 유지비로 주유비, 정비료 등 부가가치세를 부담했다면 일반과세자인 가맹사업주는 부가가치세 100% 환급 가능하다.

나. 사업장의 각종 공과금도 부가가치세가 공제된다

점포에서 발생하는 전기요금, 전화요금, 도시가스요금, 가맹점주 핸드폰 요금, 경비비, 인터넷사용료, 정수기렌탈료 등에는 부가가치세가 발생한다. 위에서 발생한 부가가치세는 사업상 필요에 의해 부담한 것이므로 부가가치세 공제가 가능하다.

다. 직원을 위한 복리후생비 지출도 부가가치세 공제가 가능하다

식사비, 선물비용, 직원의류비 등 직원을 위한 지출을 하고 세금계산서 등을 구비하면 발생 비용에 대한 부가가치세 공제가 가능하다. 직원을 위한 비용 사용처가 간이과세자인 경우 발생비용은 부가가치세가 공제되지 않는다. 공제받지 못한 금액은 종합소득세 신고 시 비용으로 인정된다.

3) 기초적인 종합소득세 절세전략에 대해 알아보자

아래 그림과 같이 종합소득세는 누진세율로 경비지출이 많으면 세율이 그만큼 낮아진다.

| 2019년 종합소득세 세율 구간표 |

2019년도 종합소득세율		
과세표준	세율	누진공제액
1,200만원 이하	6%	
1,200만원 초과 ~ 4,600만원 이하	15%	1,080,000
4,600만원 초과 ~ 8,800만원 이하	24%	5,220,000
8,800만원 초과 ~ 1억 5,000만원 이하	35%	14,900,000
1억 5,000만원 초과 ~ 3억원 이하	38%	19,400,000
3억원 초과 ~ 5억원 이하	40%	25,400,000
5억원 초과	42%	35,400,000

위 표의 과세표준은 매출액에서 매입액, 인건비, 복리후생비, 소모품비, 접대비, 종합소득세 누진공제 등을 차감한 금액을 말한다. 과세표준이 +가 되면 종합소득세를 납부하고 -가 되면 납부하지 않는다.

매입액, 복리후생비, 소모품비 등 지출비용 외에 추가적으로 크게 비용을 절감할 수 있는 부분은 '점포권리금', '시설, 인테리어비'가 있다.

점포를 계약하면서 지출한 권리금이 있으면 5년으로 나누어서 '영업권상각'이라는 과목으로 종합소득세 신고 시 비용이 인정된다. 그러나 비용을 인정받기 위해서는 '권리계약서', '대금지급내역서', '세금계산서'를 구비해야 한다. 점포권리금과 마찬가지로 인테리어 비용도 종합소득세 절감이 가능하다. 가맹점주가 유형자산인 시설장치와 비품 등을 3~5년으로 나눠서 '감가상각비'로 비용지출이 인정된다.

감가상각비를 계산하는 대표적인 방법은 정액법과 정률법이 있다. **정액법은 매년 동일한 금액, 정률법은 매년 동일한 비율로 감가상각비를 계산하는데 종합소득세 절세를 위한 가맹점주의 선택은 정률법을 적용하는** 것이 유리하다.

가맹점주는 사업 초기 연도에 인정되는 비용이 많은 정률법을 적용해서 종합소득세 신고하면 절세가 가능하다.

이유는 조기에 폐업할 경우 잔여기간 감각상각비는 소멸되므로 사업초년도 비용에 대한 비중을 높게 책정하여 공제받는 것이 유리하다. 비용을 인정받기 위해서는 세금계산서와 같은 증빙서류 및 (증빙서류가 없으면)

계약서, 대금지급내역서, 거래명세서를 반드시 보관해야 한다.

4) 공동사업을 하면 종합소득세 절세가 가능하다

공동사업이란 사업자 대표가 2명 이상인 경우를 말한다. 공동사업자로 등록하기 위해서는 세무서에 '동업계약서'를 작성하고 공동사업자 각각 지분비율을 기입하면 사업자등록상에 대표자가 2명 이상으로 표기된다.

예를 들어, 1인사업자와 공동사업자의 세금납부액에 대해 비교해 보자.

2019년 과세표준이 2,400만원인 경우 대표가 1인일 경우와 2인(분배비율 50%:50% 기준)일 경우 납부해야 할 종합소득세는 얼마일까?

2019년도 종합소득세율		
과세표준	세율	누진공제액
1,200만원 이하	6%	
1,200만원 초과 ~ 4,600만원 이하	15%	1,080,000
4,600만원 초과 ~ 8,800만원 이하	24%	5,220,000

- 1인 사업자인 경우

= (1200만원 × 6%) + (1200만원 × 15%) = **252만원**

- 2인 공동사업자인 경우

각각 (갑, 을) 사업자는 과세표준이 1,200만원이 된다(지분 50%:50%).

갑 = 1200만원 × 6% = 72만원

을 = 1200만원 × 6% = 72만원

총 납부할 금액은 **144만원**

1인사업자, 공동사업자 간의 납부금액에서 108만원 차이가 발생된다.

5) 종합소득세의 부담이 커지면 법인사업자로 전환을 고려하자

개인사업자가 비교적으로 사업자 등록 절차가 간단하고 통장인출이 자유롭지만, 법인사업자에 비해 세율이 높고, 모든 책임을 져야 하는 단점이 있다. 법인사업자는 개인사업자에 비해 세율이 낮고, 법적인 책임소재에서 보다 자유롭지만, 사업자등록 절차가 까다롭고 통장인출이 자유롭지 못한 단점이 있다.

사업을 진행할 때 많은 사람들이 개인사업자로 진행을 했다가 매출 규모가 커지면서 법인으로 전환하는 경우가 많다.

| 개인사업자와 법인사업자 비교 |

구분	개인사업자	법인사업자
부가가치세 신고	반기별로 1년 2회	분기별로 1년 4회
설립절차	설립간단	대표이사 등 필요, 개인사업자 比 복잡
대표 인건비	비용 불인정	비용 인정
신용카드 공제여부	공제 가능	공제 불가능
세금체납 시	개인대표가 책임	과점주주(지분 50% 초과)만 책임
세무조사 빈도	법인사업자에 비해 낮음	개인에 비해 높음
대외 신용도	낮은 편	개인사업자에 비해 높음
설립비용	거의 없음	법인등기비용 발생

| 개인사업자와 법인사업자 세율 비교 |

개인		법인	
과세표준	세율(%)	과세표준	세율%
1,200만원 이하	6	2억원 이하	10
1,200만원 초과 4,600만원 이하	15		20
4,600만원 초과 8,800만원 이하	24	2억원 초과 200억원 이하	22

　단일점포를 운영하는 경우에는 법인사업자로 전환하는 경우가 거의 없다. 그러나 프랜차이즈를 운영하는 가맹점주 중 3점포 이상을 운영하는 경우에는 법인사업자로 전환하는 경우가 빈번하다.

　슈퍼바이저는 담당하고 있는 지역에서 다점포 점주의 매출 구간 등을 확인하고 개인사업자일 경우 법인사업자로 전환했을 경우에 대한 여러 가지 시뮬레이션을 돌려본 후 이익이 되는 방향으로 컨설팅을 해 주면 점주로부터 큰 신뢰를 얻을 수 있을 것이다.

[참고 – 편의점 4개사 다점포비율]

- **국내 편의점 업체별 다점포율 추이:** 최저임금, 고정비 증가로 다점포 비율은 전반적으로 하락 추세

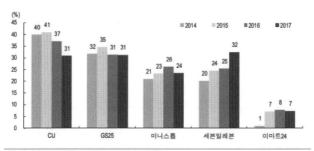

자료: 한국프랜차이즈산업협회, 매일경제, NH투자증권 리서치본부

- **국내 자영업종별 다점포율 추이:** 임금상승, 고정비 증가로 급격한 하락 추세

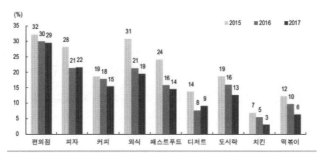

자료: 한국프랜차이즈산업협회, 매일경제, NH투자증권 리서치본부

6) 성실신고확인대상자는 무엇일까?

성실신고확인대상자는 고소득자의 세금탈루를 막기 위한 제도이다.

일정액 이상의 연간 매출이 있는 개인사업자가 종합소득세를 신고하기
전에 신고내용과 증빙서류를 세무대리인에게 검증받아야 한다.

업종구분	'14~17 귀속	'18~19 귀속	2020년 이후
1. 농업 · 임업 및 어업, 광업, **도매 및 소매업**(상품중개업을 제외한다), 부동산매매업(비주거용 건물 자영건설 판매만 해당), 그 밖에 제2호 및 제3호에 해당하지 아니하는 사업	20억	15억	10억
2. 제조업, 숙박 및 **음식점업**, 전기 · 가스 · 증기 및 공기조절 공급업, 수도 · 하수 · 폐기물처리 · 원료재생업, 건설업(비주거용 건물 건설업은 제외하고, 주거용 건물 개발 및 공급업을 포함한다), 운수업 및 창고업, 정보통신업, 금융 및 보험업, 상품중개업	10억	7.5억	5억
3. 부동산 임대업, 부동산업(제1호의 부동산매매업은 제외), 전문 · 과학 및 기술 서비스업, 사업시설관리 · 사업지원 및 임대서비스업, 교육 서비스업, 보건업 및 사회복지 서비스업, 예술 · 스포츠 및 여가관련 서비스업, 협회 및 단체, 수리 및 기타 개인 서비스업, 가구내 고용활동	5억	5억	3.5억

성실신고확인대상자가 되면 '신용카드 발행세액공제(2020년 기준 한도
1천만원)'를 받을 수 없어 일반 과세자보다 최대 1,000만원 이상 세금 지
출이 발생한다. 그러므로 성실신고확인대상자는 복리후생비, 차량유지
비, 경조사비 등의 지출 영수증 및 매입세금계산서를 반드시 챙기고 인건
비근로소득신고를 통하여 비용처리를 확실히 하여 최대한의 절세를 해야

한다.

2020년 이후 또다시 적용되는 매출구간이 낮아졌기 때문에 슈퍼바이저는 담당하고 있는 점포의 매출구간이 성실신고확인대상자가 되는지 확인하고, 미리 대비할 수 있도록 지도해야 한다.

7) 높은 소득공제를 제공하는 노란우산공제란?

소기업/소상공인이 폐업, 노령, 사망 등의 위험으로부터 생활안정을 기하고 사업재기 기회를 제공받을 수 있도록 중소기업협동조합법 제115조 규정에 따라 운영되는 공적 제도이다.

노란우산공제에 가입할 수 있는 대상자는 다음과 같다.

가. 소기업, 소상공인 대표자

사업체가 소기업, 소상공인 범위에 포함되는 개인사업자 또는 법인 대표자는 누구나 가입 가능하다(단, 비영리법인 대표자 가입 불가).

나. 여러 사업체가 있는 대표자의 경우

반드시 1개의 사업체를 선택하여 가입해야 한다. 선택한 사업체의 폐업, 퇴임 등에 대해서만 공제금이 지급된다.

다. 무등록 소상공인

등록된 사업자는 아니지만, 사업사실 확인이 가능한 '인적용역제공자'
도 가입이 가능하다.

소기업, 소상공인 범위는 다음과 같다.

업종별 연평균 매출액 10억-120억원 이하

업종	연평균 매출액
제조업(의료용 물질.의약품 등 15개)	120억원 이하
전기.가스.수도사업	
제조업(펄프.종이.종이제품 등 9개), 광업, 건설업, 운수업	80억원 이하
농업, 임업, 및 어업, 금융, 보험업	
출판.영상.정보서비스	50억원 이하
도.소매업	
전문.과학.기술서비스, 사업서비스	30억원 이하
하수.폐기물처리업, 예술.스포츠.여가서비스, 부동산임대업	
보건.사회복지서비스	10억원 이하
개인서비스업, 교육서비스업, 숙박.음식점업	

**노란우산공제는 연간 최대 500만원 소득공제, 종합소득세 절세가 가능
하다.**

납부금액에 대해서는 기존 소득공제상품과 별도로 최대 연 500만원까
지 추가 소득공제가 가능하기 때문에 **슈퍼바이저는 특별한 사유가 없다**

면 담당 점포의 점주가 가입할 수 있도록 지도해야 한다.

공제금 지급 예시표(개정세법 적용 시)

월 5만원(연 60만원) 납입 시

납입 연수	납입원금	이자	원리금	퇴직 소득세	실지급액	소득공제 절세액	순소득	절세효과
	(A)	(B)	(C=A+B)	(D)	(E=C-D)	(F=A*26.4%)	(G=E+F)	(H=F-D)
1년	600,000	7,772	607,772	(2,561)	605,211	158,400	763,611	155,839
2년	1,200,000	30,130	1,230,130	(3,645)	1,226,485	316,800	1,543,285	313,155
3년	1,800,000	67,425	1,867,425	(2,910)	1,864,515	475,200	2,339,715	472,290
4년	2,400,000	120,425	2,520,015	-	2,520,015	633,600	3,153,615	633,600
5년	3,000,000	188,267	3,188,267	-	3,188,267	792,000	3,980,267	792,000
6년	3,600,000	272,557	3,872,557	-	3,872,557	950,400	4,822,957	950,400
7년	4,200,000	373,270	4,573,270	-	4,573,270	1,108,800	5,682,070	1,108,800
8년	4,800,000	490,800	5,290,800	-	5,290,800	1,267,200	6,558,000	1,267,200
9년	5,400,000	625,551	6,025,551	-	6,025,551	1,425,600	7,451,151	1,425,600
10년	6,000,000	777,936	6,777,936	-	6,777,936	1,584,000	8,361,936	1,584,000
15년	9,000,000	1,819,545	10,819,545	-	10,819,545	2,376,000	13,195,545	2,376,000
20년	12,000,000	3,369,991	15,369,991	-	15,369,991	3,168,000	18,537,991	3,168,000
30년	18,000,000	8,261,715	26,261,715	-	26,261,715	4,752,000	31,013,715	4,752,000

(단위: 원)

Chapter 5

가맹점주 스트레스의
70% 이상은 인력관리이다

　점포운영에 가장 중요한 요소 중의 하나는 인력 관리이다. 오픈 초기 가맹점주는 점포운영의 여러 부분에서 어려움을 느끼지만, 그중에서도 가장 어려움을 느끼는 부분이 바로 인력관리이다.

　슈퍼바이저가 인력관리 관련하여 정확한 지식과 경험을 바탕으로 가맹점주에게 정보를 전달, 안내해 준다면 가맹점주가 점포를 운영하는 데 큰 도움이 될 수 있다. 지금부터 점포 운영 시에 알아 두면 좋은 인력관리 정보에 대해 알아보도록 하자.

사업주는 근로기준법에 대해
충분히 알고 있어야 한다

1) 사업주는 근로자 고용 시 의무적으로 근로계약서를 작성해야 한다

근로계약서에는 다음 각 호의 모든 사항을 **서면으로** 명시하여야 한다.

1. 근로계약기간에 관한 사항
2. 근로시간, 휴게에 관한 사항
3. 임금의 구성항목, 계산방법 및 지불방법에 관한 사항
4. 휴일, 휴가에 관한 사항
5. 취업의 장소와 종사하여야 할 업무에 관한 사항
6. **근로일 및 근로일별 근로시간**
※ 6호는 단시간근로자에 한하는 명시내용이다.

근로계약서는 반드시 근로자에게 교부하여야 하며, 이를 **위반 시 500만 원 이하의 벌금**이 발생한다. 근로계약서는 고용노동부 홈페이지에 접속

하면 근로계약종류에 따라 7가지의 양식이 있으니, 채용하는 근로계약이 어떤 종류인지 확인 후 다운받아서 근로자와 작성하면 된다.

표준근로계약서(기간의 정함이 없는 경우)

(이하 "사업주"라 함)과(와) (이하 "근로자"라 함)은 다음과 같이 근로계약을 체결한다.

1. 근로개시일: 년   월   일부터

2. 근 무 장 소:

3. 업무의 내용:

4. 소정근로시간: _____시 _____분부터 _____시 _____분까지

 (휴게시간: 시   분 ~   시   분)

5. 근무일/휴일: 매주 _____일(또는 매일 단위) 근무, 주휴일 매주_____요일

6. 임 금

- 월(일, 시간)급: 원

- 상여금: 있음 (   )   원, 없음 (   )

- 기타급여(제수당 등): 있음 (   ), 없음 (   )

· _____원, _____원

· _____원, _____원

- 임금지급일: 매월(매주 또는 매일) _____일(휴일의 경우는 전일 지급)

- 지급방법: 근로자에게 직접지급 (   ), 근로자 명의 예금통장에 입금 (   )

7. 연차유급휴가

- 연차유급휴가는 근로기준법에서 정하는 바에 따라 부여함

8. 사회보험 적용여부 (해당란에 체크)

 □ 고용보험 □ 산재보험 □ 국민연금 □ 건강보험

---

9. 근로계약서 교부

- 사업주는 근로계약을 체결함과 동시에 본 계약서를 사본하여 근로자의 교부요구와 관계없이 근로자에게 교부함(근로기준법 제17조 이행)

10. 근로계약, 취업규칙 등의 성실한 이행의무

- 사업주와 근로자는 각자가 근로계약, 취업규칙, 단체협약을 지키고 성실하게 이행하여야 함

11. 기 타

- 이 계약에 정함이 없는 사항은 근로기준법령에 의함

년   월   일

(사업주)사업체명: (전화:)

주소:

대 표 자: (서명)

(근로자)주소:

연락처:

성 명: (서명)

2) 최저임금과 수습기간은?

최저임금은 근로자의 생활 안정을 위하여 임금의 최저수준을 정하고, 사용자에게 그 수준 이상의 임금을 지급하도록 법으로 강제하는 제도이며, **1인 이상 사업장은 모두 적용대상**이 된다.

20년도 최저 시급액	수습급여(최저시급 × 90%)
8,590원	7,731원

※ 20년 최저임금은 월 1,795,310원

(하루 8시간, 주5일의 월 근로시간은 주휴시간 35시간을 포함해서 209시간 기준)

- **최저시급 적용 예외**

가. 동거하는 친족만 사용하는 사업장

나. 수습기간을 적용하는 경우 반드시 근로계약서에 수습기간을 명시해야 인정된다.

(근로계약이 1년 미만일 경우 수습적용 불가)

최저시급 위반 시 3년 이하의 징역 또는 2,000만원 이하의 벌금이 발생한다.

3) 최근 언론에서 많이 다루는 주휴수당의 개념에 대해 알아보자

주휴수당이란 1주 동안 규정된 근무일수를 채운 근로자에게 유급 주휴일을 주는 제도이다. 만약 주 5일을 기준으로 일 3시간 이상 근무 시에 하루의 임금을 주어야 한다.

주휴수당 지급조건은 다음과 같다.

가. 하루하루 단위의 출근의무가 부여된 날

나. 출근하기로 약정한 날(주 5일 또는 주말 등)

다. 결근 시에는 주휴수당 발생 안 되지만, 지각, 조퇴의 경우에는 출근으로 간주

라. 1주 근로시간이 15시간 이상일 경우

(주말 근무자의 경우에도 2일 출근 시 소정근로 일을 개근하였으므로 주 15시간 이상 근무자에게 주휴수당을 지급)

마. 주40시간을 초과했더라도 40시간까지만 계산

◆ 주휴수당 계산방법(계산공식)

$$= \frac{1주일\ 총\ 근무시간 \times 8시간 \times 시급}{40시간(5일 \times 1일\ 8시간)}$$

예시)

시급 8,590원, 일 3시간씩 주 6일 근무자의 경우

$$= \frac{1주일\ 총\ 근무시간\ 18시간(3시간 \times 6일) \times 8 \times 8,590원}{40시간}$$

주휴수당 지급금액은? 주 30,924원으로

4주일 경우 **월 123,696원**

4) 5인 미만 사업장 상시근무자 인원 계산 방법은?

5인 미만 상시근무자의 기준은 근로기준법 적용되는 기준과 상이하기 때문에 본인이 운영하는 매장의 상시근무자 인원이 몇 명인지 알고 있어야 한다.

☞ 5인 미만 상시근로자 사업장에서 적용되지 않는 근로기준법 규정은

가. 1일 8시간 이상 초과근무 수당, 야근수당, 휴일수당

주 52시간 연장근로 제한 법령개정안에도 5인 미만 사업장은 적용대상이 아니다.

연장근로	법정 근로시간을 초과하여 근로하는 경우 50% 가산
휴일근로	법정 또는 약정 휴일에 근로하는 경우 8시간 이내 50%가간 8시간 초과 100% 가산
야간근로	22:00~06:00 사이에 근로하는 경우 50% 가산

나. 사업주의 개인사정으로 휴업하는 경우 휴업수당

5인 이상(상시근무자)의 사업장은 근무자가 아닌 사업주에게 휴업의 원인이 있는 경우 근무자가 휴업을 해도 휴업수당을 지급해야 하지만 5인 미만 사업장에는 적용되지 않는다.

휴업수당은 근무자에게 평균임금의 100분의 70 이상의 수당을 지급하여야 한다.

(평균임금 = 사유가 발생한 날 이전 3개월간 임금총액 / 그 기간의 총 일수)

계산된 금액이 통상임금보다 적을 때는 통상임금을 평균임금으로 한다. 통상임금과 평균임금은 이 책에서 다루기에는 상당히 복잡하기 때문에 필요 시 별도로 확인해 볼 것을 권한다.

다. 연차유급휴가

일반 직장에는 있는 연차 유급휴가도 5인 미만 사업장에는 의무 사항이 아니다. 5인 미만 사업장 직원이 경조사, 개인사정 등으로 휴가를 사용한다고 하면 급여를 지급할 의무는 없다.

라. 해고 서면 통지

사업주가 직원을 해고할 때는 해고일과 해고사유를 명시하여 서면으로 통지해야 하는데 5인 미만 사업장에는 적용되지 않는다. 또한 근로자가 부당한 사유로 해고를 당한 경우에는 구제신청을 통해 조치가 가능하지만 5인 미만 사업장은 예외이다.

- 매장의 근무기준이 되는 상시근로자란?

사업장에 근무하는 전체 근무자 중에서 산정에 제외되는 근무자를 제외한 **직접고용 근로자**를 말한다. 산정제외 근무자는 **파견근로자, 도급근로자, 간접고용 근로자** 등이다.

직접고용 근로자는 고용 형태를 막론한 모든 근로자를 말한다. 예를 들면, 상용근무자, 기간제 근무자, 단기 근무자, 일용직 근무자, 계약직 근무자 등이다.

- 직계가족은 상시근무자에 포함될까?

고용주(대표)에게 지휘, 명령을 받으며 사업장 內 타 근무자와 동일한 업무를 수행하고 그에 해당하는 보수를 받는다면 근무자에 해당된다.

- 5인 미만 사업장 산정 계산 방식은

예시)

평일 4인, 주말 5인인 점포의 경우

총 근무인원: (평일 4인 × 22일) + (주말 5인 × 8일) = 128인 / 영업일수 30일

상시근무자 수: 128인 / 30일 = 4.26인

결과는 **5인 미만 사업장이 된다.**

5) 한눈에 확인하는 4대보험

국민연금

- 가입대상 : 18세 이상 60세 미만

- 월 60시간 이상 근무자(주15시간 이상)
  ※ 주 15시간 미만 근로자 포함 - 월 8회 이상 근무 시

- 비율
  사업주 4.5% / 스태프 4.5%

건강보험

- 가입대상 : 제한 없음

- 월 60시간 이상 근무자(주15시간 이상)
  ※ 주 15시간 미만 근로자 포함 - 3개월 이상 근무 시

- 비율
  사업주 3.335% / 스태프 3.335%
  ※ 장기요양보험 : 건강보험료 X 10.25% 별도

고용보험

- 가입대상 : 제한 없음

- 월 60시간 이상 근무자(주15시간 이상)
  ※ 주 15시간 미만 근로자 포함 - 3개월 이상 근무 시

- 비율
  사업주 0.8% / 스태프 0.8%

산재보험

- 가입대상 : 제한 없음

- 사업주 전액부담

- 비율
  사업주 100%

- 업종별로 상이함(편의점은 대체로 1%)

6) 근로자 해고의 기준은?

해고의 정의는 사용자에 의한 근로계약해지의 의사표시로 그 명칭이나 절차에 관계없이 사용자 측에서 일방적으로 근로관계를 종료하는 것을 말한다. 근로자를 바로 '해고'할 수 있는 것이 아니라 일정기간 전에 통보해야 하는 '**해고예고**'라는 사항이 있다.

근로기준법 '제26조(해고의 예고)에 의거' 사용자는 근로자를 해고(경영상의 이유에 의한 해고를 포함)하려면 **최소 30일 전에 예고(통지)를 해야 한다. 만약, 30일 전에 통지를 하지 않을 경우 30일 분의 통상임금을 지급하여야 한다**(통상임금: 기본급과 각종 수당을 포함한 근로자에게 정기적

으로 지급되는 임금).

사전에 해고사유 전달 방법은 **해고사유와 해고시기를 서면에 명기하여 통지**하여야 효력이 발생하고, 주의할 점은 문자메시지나 이메일은 효력이 없으며, **해고예고는 서면이나 구두로만 가능하다.**

◆ **해고예고에 대한 잘못된 이해**

가. 5인 미만의 사업장에는 해고수당이 적용되지 않는다

⇒ 해고수당은 근로자 수 5인 미만의 사업장에도 적용된다.

나. 해고예고 수당을 지급하면 근로자 해고에 대한 문제가 종료된다

⇒ 해고예고를 하거나 해고예고 수당을 지급하더라도 부당한 해고가 정당해지지 않는다.

| 직원 퇴직 시 절차흐름 |

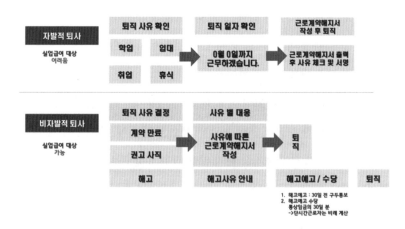

7) 퇴직금 지급대상 및 계산방법은?

퇴직금 지급대상은 **기간제근무자, 파견근무자** 모두 해당된다. 하지만, 단시간근무자인 경우에는 4주간 평균치를 구하여 1주 근로시간이 15시간 미만인 경우에는 퇴직금 적용대상이 아니다. **1년 이상 근무자에게는 퇴직 시 또는 퇴직한 날로부터 14일 이내에 지급해야 한다.** 또한 1일 평균임금에서 출산 전후 휴가, 육아휴가, 병역의무 이행기간 등 개인사유로 인한 휴직기간은 제외된다.

◆ **퇴직금 계산방법**

$$= \frac{1일\ 평균임금 \times 30일 \times 총\ 계속\ 근로기간\ 일수}{365}$$

(평균임금 = 사유가 발생한 날 이전 3개월간 임금총액 / 그 기간의 총 일수)

예시)

1일 평균임금 90,000원, 380일 근무자의 경우

$$= \frac{90,000원 \times 30일 \times 380일}{365}$$

퇴직금 지급금액은? **2,810,958원** (세전금액)

근로기준법은 깊숙히 들어가면 굉장히 어려운 영역이다.

이번 챕터에서 다룬 내용들만 정확히 숙지해도 점포관리 업무를 하는 데 있어서 큰 어려움은 없을 것이다.

간혹 점주가 근로자와 분쟁 관련하여 위에서 다룬 사항 외에 디테일한 내용을 궁금해하는 경우가 있을 것이다. 그럴 경우에는 본사 전담 노무사나 전문가를 연결하여 분쟁관련 사항을 해결할 수 있도록 도와준다면 슈퍼바이저 역할을 충실히 수행했다고 할 수 있을 것이다.

비용을 최소화할 수 있는 정부지원제도

1) 두루누리 사회보험 지원이란?

두루누리 사회보험은 **사업장의 근로자 수가 10인 미만인 사업장 사업주와 근로자의 사회보험료를 지원해 주는 제도**이다.

10인 미만인 사업장에 고용된 근로자 중 **월평균보수가 215만원 미만**(2020년 기준)인 근로자와 사업주에게 사회보험료(고용보험, 국민연금)를 국가가 지원해 준다.

가. 지원 제외대상

전년도 기준으로

근로자 재산 과세 표준액 합이 6억원 이상,

근로소득 2,838만원 이상,

근로소득 외 종합소득 2,100만원(2019년 12월 31일 이전 가입자는

2,520만원 이상) 이상인 경우에는 지원받을 수 없다.

나. 지원금액

지원 수준	신규지원	5명 미만 사업 : 90% 5명 이상 사업 : 80%
	기지원자	10명 미만 사업 : 30%

항목	기준	2020년 요율		두루누리 가입 시 (최대)	
		직원	경영주	직원	경영주
고용보험	월급여	0.8%	0.8%	0.08%	0.08%
국민연금	월급여	4.5%	4.5%	0.45%	0.45%
장기요양	건강보험료	10.25%	10.25%	10.25%	10.25%
건강보험	월급여	3.335%	3.335%	3.335%	3.335%

참고 ↓

보험료율		근로자	사업주
실업급여		0.8%	0.8%
고용안정, 직업능력 개발사업	150인 미만 기업	-	0.25%
	150인 이상 우선지원 대상기업	-	0.45%
	150인 이상~1000인 미만기업	-	0.65%
	1000인 이상 기업, 국가 지방자치단체	-	0.8%

예시)

근로자 월평균 보수가 200만원, 5인 미만 사업장

[사업주 지원액: 99,900원]

고용보험: 200만원 × 1.05% × 90% = 18,900원

국민연금: 200만원 × 4.5% × 90% = 81,000원

[근로자 지원액: 95,400원]

고용보험: 200만원 × 0.8% × 90% = 14,400원

국민연금: 200만원 × 4.5% × 90% = 81,000원

다. 지급방식

지원신청을 하면 그 다음 달 보험료에서 해당되는 월의 보험료 지원금을 제외하고 나머지 금액을 고지하는 방식으로 지원

※ 주의사항

가. 신규가입자로 지원을 받으려면 2018년 1월 1일 이후 국민연금에 최초 가입했거나 지원신청일 직전 1년간 국민연금 사업장 가입이력이 없어야 한다.

나. 월소득 215만원 미만으로 지원받았으나 다음해 고시한 소득의 110%(236만5천원)를 초과한 경우 지원금은 반환된다.

다. 근로자에게 지원해야 할 금액을 사업주가 지불하지 않는 경우 형사

처벌 대상이 된다.

두루누리 사회보험 신청방법은 http://insurancesupport, or, kr에 접속해서 확인하면 된다.

2) '일자리 안정자금'이란?

최저임금 인상에 따른 소상공인이나 영세한 중소기업의 경영부담을 덜어 주고 근로자의 고용불안을 해소하기 위한 사업이다. 다만, 일자리 안정자금 사업이 한시적으로 시행되는 사업이라 언제까지 유지될지는 알 수 없다.

일자리 안정자금은 **30인 미만** 사업장을 대상으로 **상용근로자, 임시/일용직 근로자도 지원대상**이 된다. 과세소득이 5억원 이상, 임금체불 명단,

기관으로부터 재정지원을 받는 사업주, 사업장은 지원대상에서 제외된다.

대상	30인 미만 고용사업자	
	2019년	2020년
월급여	210만원 이하	215만원 이하
지원금	5인 미만 15만원 5인 이상 13만원	5인 미만 11만원 5인 이상 9만원

(월보수액 215만원 중 비과세 항목인 식대비용 10만원, 자가운전보조금 20만원 등은 제외)

일자리안정자금 신청방법은 http://jobfunds.or.kr에 상세히 나와 있으니 확인 후 지원대상이 될 경우 신청하면 된다.

두루누리 사업과 일자리안정자금을 지원받은 금액은 종합소득세 산정 시 수입으로 책정된다. 추후 지원받은 금액 이상으로 세금이 발생할 수도 있기 때문에 관련 사안에 대해 **슈퍼바이저는 점주가 담당세무사의 자문을 받고 신청할 수 있도록 도움을 주면 좋을 것이다.**

Chapter 6

슈퍼바이저의 필수 역할은
FRANCHISE만 기억하라!

　슈퍼바이저 업무 수행에 필요한 역할을 기억하기 쉽도록 FRANCHISE 각각의 9개 알파벳으로 시작하는 단어로 표현했다. 9가지의 역할은 Feedback(회신), Rule(원칙), Analysis(분석), Networking(관계망), Coordination(조율), Humanism(인간적인 관계), Inspection(점검), Service(서비스), Expert(전문가)이다. 이 9가지의 역할이 제대로 작동할 때 점포에서의 컨설팅 관련 효율성을 극대화할 수 있다.

　지금부터는 각 역할별로 구체적인 예시 또는 사례와 함께 가맹점주와의 가상 대화를 통하여 앞으로 업무 중에 벌어질 수 있는 부분에 대하여 미리 실전연습을 할 수 있도록 구성해 보고자 한다.

점주 의견은 아무리 사소한 내용이라도
반드시 Feedback(회신)을 줘라!

슈퍼바이저는 오전 시간에는 대부분 방문 예정인 점포의 매출 및 각종 지표들을 분석하고 오후 시간에 점포를 방문하여 점주와 소통하는 경우가 많다. 점주와 소통을 할 때 사전 준비와 목적 없이 매장을 방문한다면 단순히 야구 얘기, 부동산 얘기, 술 먹은 얘기하다가 나올 가능성이 크다.

이러한 활동방식은 시간이 지나면서 점주의 불신을 받기 시작하고, 가맹점에서는 '이 직원은 왜 올까?'라는 생각을 하게 될 것이다. 점주와 대화를 주도하고 명확하게 내용을 전달하며 여러 성과를 달성하기 위해서는 정확한 목적을 가지고 방문해야 한다.

목적을 가지고 방문을 하면, 매출, 인력관리, 고객 클레임 관리, 서비스, 품질, 행사관리, 위생점검, 근로계약서 등의 서류관리, 손익분석, 시장환경분석, 경쟁사 동향, 건의사항 수렴, 지역별 LSM(Local Store Marketing) 등 다룰 수 있는 부분이 무궁무진하다.

* LSM: 지역상권 분석을 통한 점포에 최적화된 마케팅

또한, 점주를 설득하기 위해서는 단순한 대화방식이 아닌 정확한 데이터를 준비하여 커뮤니케이션을 진행해야 설득력도 높일 수 있고 원활한 대화를 이어나갈 수 있다. 슈퍼바이저의 커뮤니케이션은 일방적인 정보 전달이 아니라 정보, 감정, 의견의 상호교류 및 본부 → 가맹점 → 본부의 정보 전달을 통하여 양방향으로 원활하게 흐르도록 하는 것이 매우 중요하다.

슈퍼바이저는 점주와 커뮤니케이션을 할 경우 명심해야 할 사항이 있다. **가맹점주의 불만사항이나 건의사항을 들었으면, 본부에 해당 내용이 전달되어야 하고, 반드시 해당 내용에 대한 Feedback(피드백)이 이루어져야 한다.** 점주는 정말 필요해서 건의를 했는데, 슈퍼바이저 자체 판단으로 '이런 무리한 건의사항은 보고해 봤자 결재 절대로 안 해 줄거야.'라는 생각을 하고, 보고 자체를 안 하는 슈퍼바이저들이 종종 있다.

일정 시간이 지나면 가맹점주는 '건의한 내용 어떻게 진행되고 있어요?'라고 물을 것이고, 슈퍼바이저는 우물쭈물 넘어가려 할 것이다. 이때부터 서로의 신뢰관계는 금이 가기 시작한다. 아무리 사소한 내용이든, 변경이 힘든 내용이든, 일단 본부에 전달이 되어 Yes 또는 No의 결정이 이루어져야 한다.

가맹점주의 불만 또는 건의사항에 대해 회신이 늦어지거나, 회신을 주지 않을 경우, 가맹점주는 슈퍼바이저에 대한 불신이 쌓이게 되고, 슈퍼바이저가 무엇을 이야기해도 신뢰하지 않고 협조 또한 하지 않을 것이다.

◆ 점포 컨설팅 Tip: 점주의 의견 및 건의사항에 대한 피드백

도너츠 프랜차이즈 점포 점주가 A도너츠의 1박스 입수 단위가 10개라 폐기리스크가 크다며 5개로 줄여 달라고 건의를 한다.

1차(1월 1일): '점주님 의견에 대해 본부 상품 MD랑 의논해 보도록 하겠습니다.'

2차(1월 3일): 문자메세지 또는 통화로 중간 피드백 반드시 필요

'점주님, 상품MD에게 잘 전달했고, 제조업체 측과 논의 중에 있으니 3일만 더 기다려 주세요.'

2차(1월 6일): '점주님, 상품MD에게 연락이 왔는데, 입수 단위를 5개로 할 수는 있으나, 그렇게 되면 입고될 때의 원가가 기존보다 2%가량 올라간다고 합니다. 꼭 도입이 필요하시다면, 원가 부분은 민감한 부분이라 전체 점포 점주님들의 의견이 어떤지도 들어봐야 할 것 같아요.'

이런 식으로 제안 관련 사항은 1주일 이내로 정확한 피드백을 주고 중간에 문자메세지나 통화를 하여 중간 상황에 대해서도 알려 주면 더욱 신뢰감을 쌓을 수 있다.

점주에게 Rule(원칙) 관련해서는 단호해라!

점주와 인간적인 관계 형성 등도 중요하겠지만, rule을 벗어나는 부분에 대해서는 단호하게 대응하는 것이 중요하다. 특히 금전적인 문제에서 기업에 속해 있는 슈퍼바이저는 어영부영 행동했다가 큰 낭패를 볼 수 있다.

점주와 회사는 가맹계약서를 기반으로 모든 업무가 이루어진다. 수많은 점포를 각각의 상황에 맞게 맞춤형으로 계약을 진행할 수 없다. 그렇기 때문에 슈퍼바이저는 공통적으로 작성된 가맹계약서를 통하여 점포를 관리해야 한다. 가장 이상적인 관리는 사전에 rule을 벗어나는 일이 발생되지 않도록 선제적으로 관리하는 것이다.

가맹점 관리를 잘하는 슈퍼바이저는 사전에 문제가 일어날 것을 인지하고 보고 체계 등을 통하여 리스크 관리를 한다. 반면에 가맹점 관리를 못하는 슈퍼바이저는 사전에 인지를 못해 결국 큰 사건이나 사고가 터지고 난 뒤 뒷수습하는 경우가 많다.

그렇다고 전후 사정도 고려하지 않고 rule을 벗어났다고 점포에 위압적인 태도를 취할 경우, 점주의 반감이 강해져 여러 가지 역효과를 일으킬 수도 있으니, 본부 보고체계를 통하여 원만한 대화로 풀려고 노력하되, 진전되지 않을 경우, 가맹계약에 근거하여 원칙대로 처리를 하는 것이 바람직하다.

◆ 점포 컨설팅 Tip: 점주가 본부에 입금해야 할 금액을 지속적으로 미입금할 경우

A편의점에서 전일에 발생한 매출에 대한 일일송금을 해야 하는 의무가 있음에도 rule을 어기고 3일째 미송금함.

슈퍼바이저: 점주님. 송금이 되지 않고 있는데 무슨 문제라도 있으세요?

A편의점 점주: 집에 급한 일이 생겨서요. 이해 좀 해 주세요.

슈퍼바이저: 아~ 많이 급하셨나봐요… 금액이 많이 필요하셨어요?

A편의점 점주: 네. 장인어른이 급전이 필요하시다고 천만원을 송금해드렸어요~

슈퍼바이저: 제 개인적인 마음으로는 많이 급하셨기 때문에 이해는 갑니다. 그러나 점주님께서는 가맹계약을 체결하셔서 계약관계에 있기 때문에 이렇게 rule을 벗어나는 행동을 하시게 되면 본부 입장에서 대응을 할 수밖에 없습니다. 이번이 처음이라고 하실 수 있겠지만, 저의 지금까지 경험으로 비추어 봤을 때 한 번 시작이 되면, 두 번, 세 번은 쉽게 하시더라구요. 저희 회사와 제휴되어 있는 금융기관과 알고 있는 신용보증재단 직원 소개해드릴테니, 금일 바로 대출 상담 받아보시죠? 오늘부터 발생하는 매출에 대한 송금은 제가 매일 아침 방문해서 직접 챙기도록 하고, 대출금액 나오는 대로 3일간 발생한 미송금은 바로 송금하시기로

하셨다고 보고하겠습니다. 스트레스 많이 받으시겠지만, 저는 점주님이랑 오랜 시간 파트너가 되고 싶어요. 그래서 이런 상황에서 이렇게 행동할 수밖에 없는 저의 입장도 조금만 이해해 주시면 감사하겠습니다.

이러한 식으로 무조건적으로 다그치는 것이 아닌 대안 등을 마련해 주면서 점주의 상황에 같이 공감해 주려고 하는 노력도 필요하다.

점포 컨설팅을 할 때에는 반드시 정확한 Analysis(분석)를 바탕으로 진행해라!

점주는 대부분 점포 안에서만 활동하기 때문에, 외부 상권변화 및 관련 업계 최근 동향 등 거시적인 정보가 부족한 경우가 많다. 슈퍼바이저는 가맹점주에게 점포 운영에 필요한 다양한 정보를 제공하고 경영 판단을 위한 조언과 지도가 필요한데, 관련 정보를 효과적으로 전달하기 위해서는 슈퍼바이저의 분석 능력이 무엇보다 중요하다.

점주에게 가장 하지 말아야 할 무책임하고 무능력한 멘트가 있다. '점주님 쪼금만 더 열심히 해 주세요.', '좋은 점포니까 앞으로 좋아질 거예요.'이다. 무엇을 더 열심히 해야 하는지, 무엇이 좋은 점포인지에 대한 설명 없이, 막연한 멘트만 날리는 슈퍼바이저는 정말 무능력한 담당자이다.

이러한 멘트를 하지 않으려면 어떻게 해야 할까? 자신이 담당하고 있는 점포의 정확한 분석을 통하여 강점과 약점이 무엇인지를 알고 있어야 해당 점포에 대한 컨설팅이 가능하다. 점포를 객관적으로 진단하는 가장 좋은 방법은 SWOT분석으로 SWOT은 Strengths(강점), Weaknesses(약점),

Opportunities(기회), Threats(위협)를 뜻한다.

SWOT분석이란, 점포를 내부환경에서 강점과 약점을 분석하고, 외부 환경 분석을 통하여 기회와 위협은 무엇인지를 찾아내는 것이다.

예시를 한 번 보자.

Ex) A음식점 SWOT분석 예시

Strengths(강점)	Weaknesses(약점)
1. 업계1위 프랜차이즈로 고객인지도 高 2. 메뉴차별화가 되어 있어 매니아층 多	1. 매장면적 협소 2. 주차공간 부족
Opportunities(기회)	**Threats(위협)**
1. 후면아파트 재건축완료 500세대 입주 2. 다음달부터 라디오 광고 시작	1. 최근 미투 브랜드 확산으로 고객혼선 2. 코로나19 확산으로 인한 소비침체

SWOT분석을 한 후, 이를 토대로 각각의 전략을 짜야 한다.

- SO전략: 점포 내부의 강점을 통하여 기회를 살리는 전략

- ST전략: 외부 위협을 최소화하기 위하여 강점을 부각시킬 수 있는 전략

- WO전략: 점포 내부 약점을 보완하여 기회를 살리는 전략

- WT전략: 점포 내부 약점을 보완하여 외부 위협을 최소화시키는 전략

	S(강점)	W(약점)
O **(기회)**	**SO전략** 1. 업계 1위 및 우리 브랜드만의 차별화된 메뉴를 다음 달 시작될 라디오광고에 적극 반영 2. 재건축 완료 아파트단지 부녀회측과 협의하여 엘리베이터 내 홍보물 부착 진행	**WO전략** 1. 재건축 완료 시 잠재고객 증가에 따른 수요예측하여 옆 매장과 확장검토 2. 재건축 입주아파트 전단지에 주차공간 협소로 건물 옆 공영주차장 이용 시 1시간 주차비용을 식사비용에서 차감해 주는 이벤트 내용 게재
T **(위협)**	**ST전략** 1. 점포 내외부 포스터 및 현수막 게시 등을 통하여 우리 브랜드는 업계 1위의 브랜드로 미투브랜드와는 차이가 있다는 점을 적극적으로 부각	**WT전략** 1. 매장면적 협소하고, 코로나로 인한 대인접촉을 꺼려하기 때문에 사전 예약 후 마스크 착용 입장 시 15% 할인쿠폰 제공 2. 매장면적 협소하고, 소비침체가 이어지고 있기 때문에 배달 시에 배달료를 소비자가 아닌 업체에서 부담하는 이벤트 3월 1일~31일까지 진행

◆ 점포 컨설팅 Tip: SWOT분석 컨설팅

자신이 담당하는 점포들의 SWOT분석은 반드시 실행해 보고 컨설팅을
해 주는 것이 좋다.

만약 A음식점의 슈퍼바이저일 경우, SWOT분석 컨설팅하는 팁을 예시
로 들어 보겠다.

(작성한 SWOT분석 및 SO, ST, WO, WT 전략 내용이 담긴 프린트물을 제공하며)

'점주님, 전년대비 최근 2개월간 일매출이 20% 이상 떨어져 SWOT분석을 통하
여 현재 점포를 진단해 보고, 원인분석을 해 봤습니다. 가장 큰 원인은 아무래도
코로나19 때문으로 보입니다.

왜냐하면 다른 매장들의 매출 역시 20% 이상 떨어졌기 때문에 사회현상으로 인
한 소비침체로 보여집니다. 다만 이럴 때일수록 세밀한 전략을 짜서 조금이라도
고객흡수가 될 수 있도록 해 보고자 제 나름대로 분석한 자료를 드립니다. 제가
생각해 본 내용이니까, 추가 의견이나 궁금한 사항 있으시면 얘기해 주세요.

자체 이벤트로 인하여 수익성이 떨어지는 부분은 본부에서 일정 부분 지원해 드
리는 것으로 결재 올려볼게요. 3월 한 달간 ㄱ, ㄴ, ㄷ, ㄹ, ㅁ 5가지 원자재 품목
에 대한 원가를 10% DC해 드리는 것으로 진행예정입니다.'

어떠한 이벤트를 하더라도 점포에서 100% 부담하라고 하면 큰 불만이
생길 수밖에 없다. 이럴 때에는 **점포에서 비용이 발생되기 때문에 본부에
서도 일정 부분 부담을 할 수 있는 방안을 제시**해야 점주도 '본부가 우리 점
포의 이익이 늘어날 수 있도록 고민을 많이 하는구나.'라고 생각할 것이다.

타업종 담당자와의 Networking(관계망)도
소홀히 하지 말아라!

언제부터인가 업종파괴, 경계모호 등의 용어들이 많이 등장하고 있다.

치킨집을 오픈하려고 하면 지역 내 치킨집 수만 세면 상권조사가 끝나는

것일까?

만약 교촌치킨을 창업하려고 하는데 다음 보기 중에 경쟁사가 아닌 곳은?

가. BHC치킨

나. 굽네치킨

다. 호식이두마리치킨

라. 유가네닭갈비

마. 봉추찜닭

바. CU편의점

정답은 없다. 모두 경쟁사로 분류해야 한다.

가~마까지는 닭을 재료로 하여 요리를 하기 때문에 경쟁사로 분류하는

게 맞을 것이다. 하지만 CU편의점까지 경쟁사로 분류해야 할까? 당연히 분류해야 한다. 왜냐하면 편의점에서도 치킨을 판매하기 때문이다. 데워서 먹는 조리식품도 있지만 최근에는 직접 점포에서 시설을 갖추어 놓고 튀겨서 판매하는 곳도 지속적으로 늘어나고 있다.

오히려 최근에는 편의점이 더욱 위협적일 수 있다. 왜냐하면, 1인가구의 지속적인 증가로 인해 혼자 사는 사람 입장에서는 맥주 한 캔과 간단히 먹을 수 있는 부위 한 조각만 구매가 가능하다는 점이 더 매력적일 수 있기 때문이다.

이러한 부분 때문에 슈퍼바이저 역시 이제는 해당업종만 보는 것이 아닌 다양한 업종에 관심을 가지며 시야를 넓게 보는 습관을 가져야 한다.

가능하면, 여러 업종의 슈퍼바이저 또는 현장 담당자와의 미팅을 가져 각 업종마다의 트렌드와 특이사항이 어떠한 것들이 있는지 알아보기를 권하고 싶다.

◆ 점포 컨설팅 Tip: 상권 내 타업종 동향 관련 컨설팅

만약 A커피숍의 최근 3개월 평균매출이 떨어지고 있을 때, 원인분석 컨설팅을 하는 팁을 예시로 들어 보겠다. 사전에 상권 내 신규 오픈한 점포가 있는지 확인이 필요하다.

슈퍼바이저: 점주님, 최근에 매출이 떨어지는 이유가 뭘까요?

A커피숍 점주: 글쎄요. 특이사항은 없는데 매출이 떨어지는 원인을 모르겠네요.

슈퍼바이저: 아마 그렇게 생각하실 거에요. 혹시 점포 후면 사거리 코너 미용실 자리에 편의점 오픈한 건 확인하셨나요?

A커피숍 점주: 오픈한 거 알고는 있었는데, 편의점은 크게 영향 미칠 부분은 없을 것 같은데요.

슈퍼바이저: 아니요. 절대 그렇지 않아요. 안에 들어가셔서 커피 한 잔 드셔 보세요. 원두커피를 판매하고 있는데 아메리카노 한 잔에 1,200원입니다. 근데 품질이 저희 점포 못지 않게 좋습니다. 저희가 테이크아웃할 경우 2,000원에 판매하고 있는데 후면 주택가에서 나오시는 분들이 품질이 별 차이가 없다면 편의점에서 1,200원에 구매해서 드시지 않을까요?

오픈한 편의점 담당자와 친분이 있어 확인을 해 봤는데 커피가 하루에 20잔 이상 판매될 정도로 반응이 좋다고 합니다. 기존에 미용실이 있었던 당시에는 발생되지 않던 커피 관련 매출이 발생되면서 저희 점포에 영향을 미친 거라고 보시면 됩니다. 제 판단으로는 바로 대응 전략이 필요할 것 같아요.

1차적으로 반응이 좋은 초코쿠키, 아몬드쿠키와 커피를 세트로 하여 이벤트를 실행해 보시죠. 편의점에서 직접 쿠키까지 굽는 것은 아니기 때문에 저희 점포의 강점을 내세워 고객들에게 어필을 하는 것이 중요합니다. 본부에 이벤트 관련 지원할 수 있는 부분을 논의해 보고 3일 내로 피드백 드릴게요.

이런 식으로 커피숍이라고 커피숍만 신경쓰는 것이 아니라 점포 주변에 구성된 다양한 업종에 대하여 영향을 미치는 요소가 없는지 파악하고 점주와 수시로 공유하는 습관을 가지는 것이 중요하다. 그리고 그에 맞는 조치를 취할 수 있도록 컨설팅까지 해 준다면 더욱 점주로부터 신뢰를 쌓을 수 있을 것이다.

Check(점검), Check and Check!

슈퍼바이저의 모든 업무의 시작과 끝은 점검(Check)이라고 할 수 있다. 가맹점 체크리스트가 필요한 이유는 무엇일까? 체크리스트를 통해 슈퍼바이저의 업무에 대한 전문성을 높일 수 있다. 이러한 전문성을 바탕으로 체계적이고 표준화된 가맹점 관리가 가능해지고, 가맹점주는 본부에 대한 신뢰감이 쌓이게 된다. 또한, 담당자가 변경되어도 기존의 데이터자료를 토대로 인수인계가 수월하게 이루어져 적응기간 필요 없이 점포의 문제점 파악과 이에 따른 해결방안 등을 점주에게 제시할 수 있다.

체크리스트를 만들 때, 점포매출활성화 결과 보고, 점포 운영력 평가 상세 데이터 등 본사 보관용 자료는 항목구분을 구체적이고, 다양하게 구성하는 것이 중요하나, 가맹점주에게 자료 배포를 하거나 상담을 할 경우에는 간단 명료한 포인트를 설명하는 것이 가맹점주를 이해시키고 설득하기에 좋다.

반대로 체크리스트를 사용하지 않을 경우 발생하는 문제점은 무엇일까? 체크리스트 같은 매뉴얼이 없으면 담당자 역량에 따라 관리의 차이가 발생하게 되며, 기준이 없는 가맹점체크는 방문 시간만 길어지게 할 뿐이다. 지속적인 체크리스트 관리를 통하여 누적되는 데이터가 쌓여야 여러 부분에서 정확한 진단이 이루어질 수 있다.

예를 들어 A점포의 매출이 1년 전 대비하여 20%가 올랐다고 하자. 이 점포의 누적 체크리스트 관리대장을 확인하면 꾸준히 부족한 부분을 개선하면서 선순환이 이루어져 매출이 증대된 것인지, 특별히 개선되지 않았으나, 측면신축 건물에 상주 인원이 500명 늘어나는 등 주변 상권환경의 변동에 따른 외부적인 요인으로 증대된 것인지 알 수 있다.

[가맹점 체크리스트 관리 매뉴얼]

가. 체크리스트 결과는 점주에게 반드시 고지하여 현재 상황에 대한 정확한 인지 필요

나. 기준미달사항의 경우 개선요청사항을 간결하게 작성

다. 점주의 건의사항, 애로사항, 요청사항도 체크리스트에 작성

라. 경영주 요청사항에 대한 피드백 회신일자 기입(가맹점주로부터 신뢰감 향상)

마. 개선사항은 가맹점주와 상의하여 개선완료 일자 명기하고 확인 서명 날인

외식업의 경우 필수적으로 체크해야 할 부분이 식품위생 진단표이다. 최근 들어 위생에 대한 관심이 더욱 늘어나는 상황에서 세분화된 항목을 통하여 슈퍼바이저뿐만 아니라, 가맹점에서도 집중 관리해야 한다.

| 체크리스트_식품위생진단표 예시 |

구분	No.	진단 항목	배점	득점	근 거	행정처분
개인 위생 관리 (11점)	1	전 직원의 건강진단 결과는 이상이 없는가?	3		식품위생법	과태료 20만원~50만원
	2	규정된 손 소독의 실행은 잘 이루어지는가?	3		지침	-
	3	손 상처가 있는 종업원은 적절하게 조치되었는가?	3		지침	-
	4	매니큐어, 액세서리 등의 착용불가 규정은 잘 이행되는가?	1		식품위생법	과태료 30만원
	5	규정된 복장 규정과 개인물품 관리는 잘 준수하고 있는가?	1		식품위생법	과태료 30만원
식재 관리 (29점)	6	검수 및 입고는 절차와 기준에 따라 진행되는가?	3		지침	-
	7	식재료는 저장·보관 및 온도기준에 적합하게 관리되는가?	3		식품위생법	과태료 30만원
	8	선입선출 준수 및 품질관리 라벨은 적절하게 사용되는가?	3		지침	-
	9	유통기한 경과품은 없는가?	5		식품위생법	영업정지 15일
	10	법적 표시사항 미보관 또는 무표시 제품이 사용되는가?	5		식품위생법	영업정지 1월
	11	모든 식재와 조리완제품 등은 밀폐 또는 구분 보관하는가?	1		지침	-
	12	식재료의 원산지와 게시(메뉴)판의 표시가 일치하는가?	5		농수산물의 원산지에 관한 법률	7년 이하 징역, 1억 이하 벌금
	13	식재료와 조리 완제품은 벽·바닥과 충분히 이격관리 되는가?	1		지침	-
	14	반품할 식재는 구분, 표찰되어 정상품과 혼선이 방지되는가?	3		식품위생법	과태료 30만원
공정 관리 (22점)	15	전처리 식재의 세척·소독은 적절한 방법으로 이루어지는가?	1		지침	-
	16	식품을 취급하는 식재창고, 냉장·냉동고, 조리실 등은 청결히 관리되고 정돈되어 있는가?	3		식품위생법	과태료 30만원
	17	칼·도마·행주·고무장갑은 적절한 세척·소독약제를 이용, 구분사용·보관하는가?	3		식품위생법	과태료 30만원
	18	제공되는 메뉴는 검식 후 즉시 제공되는가?	1		지침	-
	19	해동되는 식재료는 명확히 구분되고, 방법은 적합한가?	3		식품위생법	과태료 30만원
	20	식기·소도구 소독을 위해 자외선 살균소독기나 새니타이저를 사용하여 소독을 실시하는가?	3		식품위생법	과태료 30만원
	21	모든 식품은 덮개 관리가 되고, 적절한 온도에서 위생적으로 취급되고 있는가?	3		식품위생법	과태료 30만원
	22	남은 음식물을 재활용 하는가?	5		식품위생법	영업정지 15일
시설 환경 관리 (11점)	23	폐기물 용기는 오물·악취등이 발생되지 않도록, 미작업시 뚜껑 을 사용하고 내수성 재질을 사용하는가?	1		식품위생법	과태료 30만원
	24	정기적 방역 관리가 되고 줘, 해충의 흔적·서식이 있는가?	3		감염병 예방 및 관리에 관한 법률	과태료 50만원
	25	매장내 방충·방서, 포충등의 설비가 있으며, 실질적인 사용을 하고 있는가?	1		식품위생법	과태료 30만원
	26	주방 바닥은 미끄럽지 않게 관리되고, 안전표시가 부착되었는가?	3		산업안전보건법	과태료 500만원
	27	세제, 소독제는 식재와 구분 보관되고, MSDS는 비치되어 있는가?	3		산업안전보건법	과태료 300만원
서류 관리 (27점)	28	냉장·냉동고의 온도관리는 매일 확인되고 그 기록을 유지하는가?	3		식품위생법	과태료 30만원
	29	기물 및 시설·설비에 대한 주기적(주/월별)인 청소가 이루어지고, 그 기록이 청소관리 일지에 의해 유지되는가?	3		식품위생법	과태료 30만원
	30	영업 신고 사항(영업자·면적·주소 등)은 적합한가?	5		식품위생법	3년 징역, 3천만원 벌금
	31	영업자 위생교육을 이수했으며, 교육필증은 보관하는가?	3		식품위생법	과태료 20만원
	32	방문자 출입관리 기록부의 기록과 운영은 준수되는가?	1		지침	-
	33	식품위생 관리 매뉴얼은 훼손없이 보유하는가?	3		지침	-
	34	직원에 대한 월 위생·안전 교육을 실시하고 기록으로 관리하는 가?	3		산업안전보건법	과태료 500만원
	35	식중독 예방관리 점검은 정기적(매주 1회)으로 실시하는가?	3		지침	-
	36	본사 방침에 부합하는 적극적인 관심과 개선의지가 있는가?	3		지침	-
			100			**매출(일) : 약 원**
			등급			

외식업뿐만 아니라 소매업종에서 필요한 게 바로 QSC체크리스트이다.

| QSC란? |

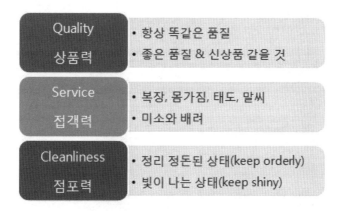

점포의 매출과 가장 직결되는 부분이 바로 QSC이기 때문에 별도의 체크리스트를 통하여 지속적인 관리가 필요하다.

| 부대찌개 가맹점 QSC 체크리스트 예시 |

부대찌개 가맹점 평가표

점포명		점검일시	月 日 / 시간대(時 ~ 時)
점검자(E.M)		근무인원	주방: 명 / 홀: 명 / PT:
관리 체계방식		경영주 확인	(서명)
화장실 구분	1. 점포 내 화장실 / 2. 공용 화장실		

구분	평가항목	배점	평가	평가지침
품질 (Quality)	1. 부대 육수채석	20		육수비율을 준수하며 육수육수의 적정온도를 유지하는가?
	2. 본사공급품 미 사용 및 햄&소시지 슬라이스 상태	50		본사공급품이며 슬라이스 형태로 규격은 올바른가?
	3. 부대찌개 세팅	50		모든 주재료는 정량을 계량하여 세팅 후 따르지 않도록 주정을 덜어서 보관하는가?
	4. 철판구이 세팅 관리	20		철판구이 세팅 시 놓는 순서에 맞게 정량을 립시에 세팅하는가?
	5. 부대찌개 주재료 저장상태	10		슬라이스 후 냉장 보관하는가?
	6. 부대찌개 다대기 보관	20		모든 다대기는 전장랜 배트나 밀폐용기에 물어 유통기한을 표기하여 냉장 보관하는가?
	7. 철판구이용 냉동 식재 관리	20		냉동식재는 냉장 해동에 프롬 유 유통기한을 표시하여 냉동실에 보관하는가?
	8. 부대찌개 찬 구성	20		필수 제공 찬을 포량하여 4찬을 구성에 맞게 결모한 품질로 제공하는가?
	9. 철판구이 야채관리	20		철판구이 기준 야채 4종을 정량으로 프랜하여 사용하는가?
	10. 떡류 보관 및 상태	15		부대찌개 조랭이떡들의 공기별을썬 개봉 후 물에 담서 사용하는가?
	11. 해물패키지 보관 관리	15		해물패키지는 냉동보관하여 주문 즉시 해동하여 사용하는가?
	12. 사리류 관리1	10		사전 세팅된 사리는 멸폐하여 냉장 보관 하는가?
	13. 사리류 관리2	10		냉동 사리라는 사전 해동시켜 멸스 멸폐한 냉장보관 하는가?
	14. 튀김류 관리	10		튀김류는 멸폐하여 보관하며 튀김기름은 최적의 튀김 온도와 조리시간을 준수하는가?
	15. 포장 메뉴얼 관리	10		정량을 적합한 용기에 담아 제공하는가?
소계		300		
서비스 (Service)	1. 근무자 표준 복장 착용	30		근무자는 본사 지정 유니폼을 착용하였는가? (위생모,에이망 등.)
	2. 용모상태 및 장신구 착용금지	30		손톱, 두발, 액세서리 착용금지
	3. 표준인사명 준수도	30		고객접점시 표준인사명을 사용하는가?
	4. 고객 입점시 자리 안내	20		고객접점시 인원수, 예약석부 확인후 자리 안내하는가?
	5. 고객 착석후 고객응대 신속도	10		착석후 물과 메뉴판을 바로 제공 하는가?
	6. 적극적인 메뉴설명 및 판매력(신메뉴 외)	10		주문응대시 메뉴에 대한 설명을 적극적으로 하는가?
	7. 메뉴제공 서비스	10		메뉴제공시 메뉴에 대한 설명 및 드시는 방법을 설명하는가?
	8. 고객응대 신속도	20		고객의 호출에 바로 응답하고 신속히 응대하는가?
	9. 계산응대 친절도	20		계산시 고객님의 만족도 및 불편사항에 대해 체크하는가?
	10. 전화응대 친절도	15		고객 전화 응대시 메뉴얼을 지켜 친절히 응대하는가?
소계		200		
위생관련 (Cleanliness)	1. 건강진단서 관리 (법적 위반 시 추가 40점 감점)	30		경영주포함 모든 근무인원수 전원 건강진단서 보유하였는가?
	2. 올바른 손 세척 및 소독	30		근무자는 규정된 손씻는움 사용과 세정방법을 준수하는가?
	3. 손 상태의 청결한 조치	15		칼베임 상처나 긁금에 배치 및 생채료 업점을시 조치하고 있는가?
	4. 객석, 객실 시설 청결상태	10		식탁, 의자, 벽지, 천장, 조명, 환기시설 등 청결상태
	5. 전입출출금	20		유통기한 라벨들을 부착하여 선입선출을 하는가?
	6. 유통기한 준수 (법적 위반 시 추가 30점 감점)	30		모든 식재료는 유통기한 및 표시사항을 지키고 있는가? (해춘, 절식, 무표시 등)
	7. 식재료 밀폐 및 구분 보관	15		식재료는 청결하고 오염되지 않도록 별에 밀폐하고 있는가?
	8. 식재료 품목별 보관기준(냉장,냉동,실온)	15		식재료 보관 방법에 의하여 보관되어 있는가(냉장,냉동등)
	9. 식재료 취급 및 공정관리	10		조리시 맨손으로부터 15cm이상 이격하여 작업하고 있는가?
	10. 해동기준 준수 여부	10		냉동식품에 대한 해동은 해동숙 스티커를 부착하고 있는가?
	11. 칼,도마,행주,고무장갑 분리사용 및 보관	10		칼,도마,행주,고무장갑은 사용용도에 따라 분리 사용하는가?
	12. 칼,도마,행주 등 일균 소독 여부	10		칼,도마,행주,조리용가구 등은 애하소독 및 열탕하는가?
	13. 조리실,창고,냉장냉동고 청결 및 정돈상태	20		조리실과 창고 등 청결하며 관리되고 있는가?(15cm이격)
	14. 음식물 재활용 여부	10		고객에게 제공되었던 음식은 재활용금지 및 재사용 하지 않기하는가?
	15. 방충/방서 관리 및 상태	15		창문 및 뒤쪽 출입문에는 방충/방서기 설치되어 있는가?
	16. 쓰레기통 및 잔반통 덮개사용	10		침외대 쓰레기통 및 잔반통에는 두껑을 닫아 사용하는가?
	17. 냉장/냉동실 온도 관리	10		냉장/냉동실은 적정한 온도로 설정되어 있는가?
	18. 작업장대 바닥 및 트렌치 청소상태	10		조리실바닥 및 트렌치는 고의없이 청결한가?
	19. 점포내 안전사고 예방	10		침외대 에어컨,선풍기,후드,덕트,가스관지는 안전사고에 유의해어 관리하고 있는가?
소계		300		
브랜드 (Value)	1. 위생교육 (법적 위반 시 추가 40점 감점)	20		년1회 위생교육 여수 및 직원들에게 정기적 교육을 하는가?
	2. 원산지 표시여부 준수 (법적 위반 시 추가 40점 감점)	30		본사에서 제공한 원산지POP를 보여슨규의 부착하였는가?
	3. 원산지 증명서 보관 (법적 위반 시 추가 40점 감점)	30		원산지증명서(거래명세표나,간이영수증)원모를 보관하고 있는가?
	4. 성의동 반대	10		년2회 직원들에게 성의동 방지 예방교육을 실시하는가?
	5. 지정메뉴 판매	10		본사 표준 메뉴판을 사용하고 지정메뉴판을 사용하고 있는가?
	6. 로고음사용 및 지정 포장용기 사용	10		본사 표준 메뉴세임 용기 및 지정 포장용기를 사용하는가?
	7. POP부착 메뉴얼 준수	10		메뉴POP등은 청결히 케이스에 메뉴얼답게 부착하였는가?
	8. 화장실 청결 상태	20		세면기, 변기, 쓰레기통 점검상태자 및 소세트 용품 비치
	9. 소화기 점검	10		소화기 안전점검 검사 월자 및 소화기가 계도 되는가?
	10. 간판 및 점포 외관상태	10		매장 외부 간판 및 점포 앞 주변 청소상태는 청결한가?
	11. 방역소득을 정기적으로 (보건가입업서류)	10		방역소득을 정기적으로 실시하여 화재보험에 가입하였는가?
	12. MSDS(물질안전보건자료)비치 관리	20		모든 식품류 화학약품이 구분 보관되고 MSDS비치되었는가?
	13. 본사 진단 평가 결과 개선 실시	10		경영주님은 진단결과에 대하여 미비점을 개선 하였는가?
소계		200		
		1000		환산점수(100점 기준):

★등급 A91점 이상 / B90~81점 / C80~71점 / D70점~61점 / E60점 이하
법적 사항 위반 시 추가 제별되대역때 200점 자감)
※ 해당 가맹점에 대한 점검평가나 개선되었으면 하는 내용을 자유롭게 기재하여 주십시오

전반적인 평가	
가맹점 전에사항	

예시를 참고로 하여 자신이 몸담고 있는 업종에 맞게 체크리스트를 만들어 놓고 점포관리를 한다면 보다 체계적이고, 효율적인 관리를 할 수 있을 것이다.

◆ 점포 컨설팅 Tip: QSC 점검 후 점주와 대화요령

QSC평가표는 일정한 기간에 1회씩 평가하여 각 회차별로 파일철을 해 놓는 습관을 가지도록 점포지도를 해야 한다.

(부대찌개 가맹점 점주에게 전 주에 평가한 평가표를 파일철에 끼워 주면서)
'점주님, 점포 내부의 청결도가 전반적으로 좋아졌는데 화장실 청결도가 많이 떨어졌네요. 특히 화장실 핸드워시액이 떨어진 지가 1주일 이상 된 것 같은데 요즘 같은 민감한 시기에 위생용품 구비가 미흡하면 절대 안 됩니다. 그리고 오후 시간대에 근무하는 재형이 유니폼 세탁을 꼭 하세요. 찌개 국물 자국이 선명하고, 누가 봐도 세탁한 지 1달은 지난 것 같이 보여요.'

즉시 개선해야 하는 항목에 대해서는 별도의 메모지 또는 포스트잇에 필기하여 점주에게 직접 전달하는 것이 중요하다. 말만 하고 나오게 되면, 점주가 개선하는 것을 까먹는 경우도 발생하고, 막상 개선하려고 하면 귀찮기 때문에 즉시 개선해야 하는 부분에 대한 필요성을 느낄 수 있게 해 줘야 한다. 또한 방금 언급한 것처럼 항목 하나하나에 대하여 구체적으로 피드백 주는 습관을 가져야 한다.

점주의 기쁨도 아픔도 마음 깊이 함께 나누는 진정한 Humanist(휴머니스트)가 되라!

슈퍼바이저와 가맹점주는 Face to Face, 즉 사람과 사람간의 관계이기 때문에 인간적인 관계 및 신뢰관계를 형성하는 것이 필수적이다. 슈퍼바이저는 가맹점주와 신뢰관계가 형성되면 가맹점주와 개인적인 상담을 하는 것도 업무의 일부라고 생각해야 한다.

인간관계와 관련된 상담기법은 객관적인 수치로 표현되는 부분보다는 상담자의 태도, 자세가 더 중요하다.

가맹점주와 인간관계를 형성하는 슈퍼바이저의 역할은 다음과 같다.

가. 공감을 하고 이해를 할 것

공감은 가맹점주가 가지고 있는 개인적인 생각 등을 자신의 일처럼 느끼고 이해하려고 노력하는 것을 말한다. 가맹점주는 가슴 깊이 공감해 주기를 바라고 있는데 눈치없는 슈퍼바이저는 건성으로 '걱정 마세요. 잘 되실 거에요.'라고 말한다면, 절대 인간적인 관계형성이 될 수 없다.

예전에 편의점 슈퍼바이저 근무 당시, 아무리 바빠도 담당하고 있는 점주의 경조사는 본사에서 지원되는 경조사 비용 제외하고 개인적으로 봉투에 금액과 함께 내 이름을 적고, 자필로 축하 또는 위로의 글을 남기곤 했다. **본사의 대리인으로 경조사를 간 것이 아니라, 점주와 인간적인 교감을 나누는 사람으로서 방문했다는 점을 느끼게 해 주고 싶었다.**

별일 아닌 것 같아도 지역이 바뀌면서 몇몇 친했던 점주들이 송별회를 해 준 적이 있다. 그 자리에서 한 점주가 눈물을 글썽이며 그때 정말 고마웠는데 쑥스러워서 말을 못했다고 하시는데 나 역시도 마음속 깊은 감동을 받은 적이 있다. 이처럼 서로의 처지를 공감하고 진심 어린 행동을 통해 이해하려고 노력한다면 훌륭히 역할 수행을 하고 있는 것이라고 볼 수 있다.

나. 행동의 일치성과 솔직함

슈퍼바이저는 점주와의 관계형성에 있어 항상 언행일치가 되도록 노력해야 한다. 또한 빙빙 돌려서 말하는 습관보다는 솔직하게 거짓 없이 말을 하는 것이 긍정적인 관계형성에 도움이 된다. 빙빙 돌려서 말하면 그 상황은 잠시 모면할 수 있지만, 결국은 서로의 신뢰관계가 깨질 수 있는 단초가 된다.

이러한 역할을 할 때 **전제로 깔아야 하는 것이 바로 경청**이다. 항상 자신의 말보다 상대방의 말을 충분히 들을 줄 아는 습관을 가지는 것도 중요하다.

◆ 점포 컨설팅 Tip: 점주와의 인간적 관계 설정

10년 전 직장 근무 당시의 사례를 통하여 팁을 전달하겠다.

어느 날, 담당하고 있던 점포에 방문을 했는데 점주의 표정이 좋지 않았다. 건물주가 2년 계약을 하되, 매년 10%씩 월세를 인상한다고 통보를 했다는 것이다. 상가임대차 적용대상 점포도 아니어서 굉장히 난감한 상황이었다.

매출이 높지 않았기 때문에 당연히 점주의 수익도 많지 않았다. 하지만, 폐점하기에는 위약금이 많이 발생하고, 폐점을 할 정도까지 수익구조가 나쁜 상황은 아니었다. 월세의 10%씩 두 번을 인상하게 되면 점포 입장에서는 큰 타격을 받을 수밖에 없었고, 점주가 원래 적극적이고, 외향적인 성격이 아니다 보니 5년을 넘게 운영하면서 건물주와 친분을 쌓아 놓지도 않아 이러지도 저러지도 못하는 상황이었다.

일단, 처음 점포 임대차계약서를 썼던 부동산 사무실을 방문하여 점포 건물주의 성향 파악을 해 보았다. 60대이시고, 막걸리를 좋아하시며, 예의를 중요시한다는 얘기를 듣고, 다음 날 연락을 취했다.

슈퍼바이저: 사장님 안녕하세요, 1층 A점포 본사 담당자입니다. 만나 뵙고 드릴 말씀이 있는데 시간 내 주시면 감사하겠습니다.

A점포 건물주: 내일 저녁 7시에 내 사무실 주소 알려줄 테니 오시오.

(다음날, 저녁 7시에 사무실을 방문했고, 가방 속에 혹시 몰라 막걸리와 시장에서 파는 잡채를 포장해서 넣어 갔다.)

슈퍼바이저: 사장님, 안녕하세요., 월세를 인상하신다는 얘기를 들었습니다. 그런데 저희 점주님이 수익이 좋지 않은 상황에서 월세까지 인상된다면 폐점까지 고려를 해야 할 것 같습니다.

A점포 건물주: 내가 돈이 없어서 월세를 올리려고 할까요? 5년이 넘는 시간 동안 월세 인상도 안 하고 배려를 해 줬으면 고맙다고 인사를 해야 할 것 아냐. 기본적인 예의가 없어서 괘씸해서 올린다고 했어요.

슈퍼바이저: (불현듯, 부동산 사장님이 A점포 건물주가 예의를 중요시한다고 했던 게 생각났고, 가방에서 바로 막걸리와 잡채를 꺼냈다.) 사장님, 시장하실까 봐 막걸리와 잡채를 가져왔습니다. 저희 점주님이 예의가 없는 게 아니고, 워낙 성격이 소극적이셔서 감사한 마음 갖고 있으면서도 표현을 못 하신 거에요. 사장님이 막걸리 좋아하시는 것 아시고 안주와 함께 준비해 주신거구요.

A점포 건물주: 그래? 남자가 뭘 그렇게 소심해? 술하고 안주를 준비했으면 와서 한잔해야지. 오라고 해 봐.

(점주에게 전화를 걸어 막걸리와 잡채를 점주가 준비했다는 어쩔 수 없는 거짓말까지 했다고 전달하고 바로 오라고 하였다.)

그 다음에는 일들이 술술 풀렸다. 대화를 나누어 보니, 건물주는 돈보다도 예의를 상당히 중요시하는 분이었다. 그동안 점포를 생각해서 월세 인상을 하지 않았는데, 고맙다는 인사 한 번 없이 그냥 장사하고 있는 모습이 괘씸하셨던 것이었다. 결국, 막걸리 한잔하면서 많은 대화를 나누며 월세 인상 없이 동결로 잘 마무리 할 수 있었다.

점주와의 관계에서 원칙적인 부분도 중요하겠지만 사람과 사람의 관계이기 때문에 인간적인 관계를 긍정적으로 설정하는 부분도 상당히 중요하다.

점주가 점포 임대차계약을 맺을 경우, 월세가 오르건 말건, 본부 입장에서는 크게 상관이 없다. 하지만 내 일처럼 해결해 주려고 노력하면, 점주는 '이 사람이 내 편이구나!'라는 생각을 하게 되고, 결국 본부에 대한 신뢰가 쌓여 장기간 파트너십을 유지할 수 있는 원동력이 될 수 있다.

가맹점 박항서가 되어 본부와 점포 사이에서
끊임없이 Interaction(상호작용)을 해라!

점포와 본부 담당자 및 부서 간의 상호작용이 원활하도록 조율하는 것이 슈퍼바이저의 또다른 중요한 역할이다.

가맹점주가 점포 운영 중에 전문적인 분야의 답변을 필요로 하는 경우 본사의 각 부서 담당자와의 연결고리 역할을 해야 한다.

조심해야 할 부분은 슈퍼바이저가 귀찮다고 무조건 각 부서 담당자와 가맹점주를 다이렉트로 연결하는 경우이다. 이럴 경우, 가맹점의 클레임 처리를 하다가 각 부서 담당자들은 본연의 업무를 놓치게 되고 이는 결국 회사의 손실이 될 수밖에 없다.

최대한 슈퍼바이저가 처리할 수 있거나 알아봐 줄 수 있는 부분은 알아볼 수 있도록 노력하되, 도저히 자신의 선에서 해결할 수 없거나, 고도의 전문적인 분야에 대한 설명이 필요할 경우 부서 담당자의 양해를 구하고 직접 연결을 해 주는 것이 좋다.

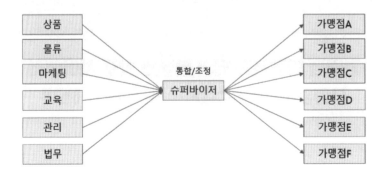

◆ **점포 컨설팅 Tip: 점주와 본사 담당자 사이에서 원활한 상호작용 역할**

만약, 편의점 빼빼로 데이 행사 관련 발주를 했는데 점포마다 발주량이 과다해서 입고물량이 3분의 1씩 적게 입고되었고, 팔 게 없다며 흥분한 점주가 본사담당자를 연결해 달라고 한다.

이러한 경우에 슈퍼바이저가 귀찮다고 본사담당자 번호를 알려주면서 전화해 보라고 하면 절대 안 된다. 상품 MD 담당자와 점주가 통화를 한다면 알고 지내거나 일면식이 있는 것도 아니기 때문에 험한 말이 나올 수 있기 때문이다.

슈퍼바이저는 주기적으로 점주와 교류를 하고 있기 때문에 이런 경우에는,

'점주님, 상품MD가 대형행사가 이번이 처음이다 보니, 대응하는 데 어려움을 겪

고 있는 것 같습니다. 점주님 아드님하고 나이대가 비슷한데 점주님 아드님이 이런 상황을 겪고 있다면 얼마나 안타까우시겠어요? 전화연결도 잘 안 되서 제가 내일 본사 들어갈 일 있으니까 들어가서 상황파악 한 번 해 볼게요.'

이런 식으로 흥분을 가라앉도록 한 후 상품MD와 통화하여 상황을 어떻게 수습할 것인지에 대한 부분을 잘 정리하여 점주에게 전달하는 것이 중요하다.

상품 MD뿐만 아니라 여러 부서담당자 입장에서는 개별 점포 몇 곳에서 전화가 오기 시작하면 자신의 업무가 마비될 수가 있기 때문에 각 지역의 슈퍼바이저들은 미연에 이러한 상황 발생이 되지 않도록 조정을 해 주는 역할이 누구보다 중요하다.

8

점주에게 Service(서비스) 관련 사항은 끊임없이 제안하고 공유해라!

대한민국은 자영업 천국이다.

생존경쟁이 치열한 시장에서 고객에게 판매하려는 제품의 퀄리티는 당연히 중요하다. 그런데 정형화되고, 고객어필이 가능한 제품을 판매하는 프랜차이즈들이 많이 생겨나면서 제품의 퀄리티는 상향 평준화되어 있는 것이 사실이다.

그렇다면 상향 평준화된 제품의 퀄리티를 예상하고 점포에 오는 고객들이 점포 근무자의 불친절 등으로 불편한 일들을 겪게 된다면 경쟁업체가 넘쳐나는 현실에서 다시 재방문을 할까? 그런 일은 거의 없다고 봐도 무방하다.

슈퍼바이저의 중요한 역할 중에 하나가 점주 또는 아르바이트생의 행동에 대해서 끊임없이 의견을 주는 것이다. "빵 주세요." 하면 별다른 고민 없이 빵을 주는 형식이 아닌 빵의 종류에 맞게 어떤 포장지에 넣어 주면 좋은지, 고객이 구매하는 빵의 특징에 대해 어떻게 설명해 줄지에 대한 고민을 직접 해 보아야 하고 이런 트레이닝을 슈퍼바이저가 반드시 해 주어야 한다.

◆ 점포 컨설팅 Tip: 예시를 통한 점포 서비스 개선 지도 요령

가. A베이커리에서 빵을 30개 대량 구매하는 고객이 "별도로 할인을 해주면 안 돼요?"라고 물었고, 점주는 원칙상 해 드릴 수 없다고 딱 잘라 말하는 상황

⇒ 슈퍼바이저: 점주님, 원칙을 지키시는 건 좋은데 대량 구매하는 고객 입장에서는 서운할 수 있어요. 이 고객이 앞으로 주기적으로 빵을 이렇게 대량으로 구매해 주실 수도 있는데 조금만 고객입장에서 생각해 보시면 좋을 것 같아요. 다음에는 이렇게 얘기하시면 좋을 듯 해요.
"고객님, 저희가 프랜차이즈 시스템이다보니 제휴카드 제외하고 별도로 추가할인은 원칙상 되지 않습니다. 너무나 감사하는 마음으로 할인 대신 **새로 나온 신상품 빵 3개를 더 드리는 건 어떠실까요?**"

나. 고객이 카운터로 와서 "볼펜 있어요?"라고 물었고, 점주는 볼펜을 준다.

⇒ 슈퍼바이저: 점주님, 고객이 볼펜 달라고 하는데 볼펜을 주신 거는 잘 하셨어요. 근데 고객이 세심하게 서비스를 받고 있다는 느낌이 들 수 있도록 한 번만 더 생각해 보시면 좋겠어요. 이럴 경우에는 **볼펜을 주실 때, 메모지 또는 포스트잇을 함께 주시면 고객 입장에서는 감동을 받을 수 있습니다.**

다. A김치찌개 점포에서 고객들이 식사를 하고 있는데, 점주가 먼 산만 바라보고 있다.

⇒ 슈퍼바이저: 점주님, 고객들의 메뉴가 제공되었다고 계산하기만 기다리시면 절대 안됩니다. 고객이 필요할 만한 것을 선제적으로 제공해야 고객에게는 감동이 됩니다. 어차피 고객은 물이 필요하거나, 반찬 리필이 필요하면 손을 들어 달라고 합니다. 굳이 그러한 부분을 기다리실 필요없이 **먼저 다가가 '물 다 드셨는데, 더 갖다 드릴까요?' '콩나물 더 필요하시면 갖다 드릴까요?'라고 하시면 고객 입장에서는 무언가 서비스를 제공받는 느낌을 받게 되고 자신도 모르게 이 점포에 대한 만족도가 높아지게 되는 겁니다.**

라. A커피전문점 앞에 커피찌꺼기가 몇 개의 비닐봉투에 나누어져 담겨있다. 그 앞에는 다음과 같은 문구가 쓰여져 있다. '필요하신 분 가져가세요.'

⇒ 슈퍼바이저: 점주님, 앞에 꺼내 놓으신 커피찌꺼기, 이왕 고객들에게 서비스로 주실 거면 조금만 더 신경 써 주시면 좋을 것 같아요. 점주님이 고객이라면 '점포 앞 땅에 봉지째 놓여져 있는 것을 가지고 가면 이 점포로부터 서비스를 받고 있다는 생각이 들까요? 오히려 '내가 쓰레기 치워 주는구나.'라고 생각할 겁니다. 기왕이면 조그만 박스에 저희 브랜드 로고가 박힌 스티커를 부착해서 주시면 어떨까요? 위치도 점포 앞이 아니라, **카운터 옆에 고객이 주문할 때 보일 수 있는 곳에 놓아 주시면 '커피 한 잔 구매하면서 선물까지 받았네.'라는 생각이 들지 않을까요?**

이러한 식으로 **점주도 대수롭지 않게 넘어가는 부분에 대하여 슈퍼바이저는 끊임없이 개선할 만한 사항을 제안하고, 여러 점포에서 우수한 사례가 나오면 해당내용에 대하여 다른 점포에도 공유하는 습관을 가져야 한다.**

담당 지역 상권의 Everywhere(어디든) 구석구석 잘 알고 있어야 한다

　슈퍼바이저는 영업에 대한 관리요소만 잘 알면 된다고 생각한다면 굉장히 잘못된 생각이다. 영업 관리 요소 외에도 자신이 담당하는 지역의 상권에 대해서도 정확히 파악하고 있어야 한다.

　여기서 잠깐, **기본적으로 알아야 할 상권 지식**에 대하여 알아보자. 상권에는 주거, 학원, 오피스, 역세권, 유흥가, 특수(지하철, 철도역사, 쇼핑몰 등) 상권 등이 있다.

　대부분의 상권은 하나로 집약되기보다는 복합적인 요소들로 결합이 된다. 예를 들어 A초등학교 앞에 점포가 있는데, 점포 건너편에는 주거(아파트, 빌라 등)시설이 위치해 있다면 이 상권은 학원+주거 상권이 된다.

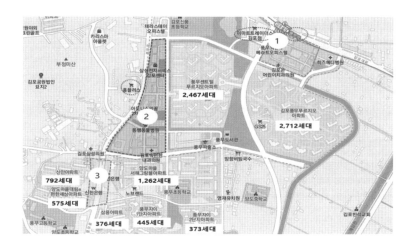

위 지도는 경기도 김포시 신흥상권인 풍무지구 상권도이다. 1, 2, 3번이 있는데 각각의 상권 특징을 가지고 있다.

1번: 김포 풍무역 2번 출구 후면이다. 역 출구 앞에 매장이 있다면 역세권 상권이다. 다만, 역세권 상권과 더불어 배후가 상업시설로 채워져 있다면 역세+상업 상권으로 분류된다.

2번: 오피스텔이 대규모로 공사 중으로 주거가 주를 이룰 것으로 보여 주거(오피스텔) 상권으로 보면 된다. 오피스텔과 더불어 주상복합 오피스텔의 저층부에는 근린생활시설이 입점되기 때문에 상권형성이 된다면 구체적으로 주거(오피스텔)+근린생활 상권으로 분류될 것이다.

3번: 일반 도로변을 기준으로 배후에 아파트가 집중되어 있어 전형적인 주거(아파트) 상권으로 보면 된다. 이 상권 역시 아파트에서 필요한 근린 생활시설이 자리잡고 있는 곳에 매장이 위치해 있으면 주거(아파트)+근린생활 상권으로 분류하는 것이 맞다.

이처럼 하나의 상권에도 여러 요소들이 다양하게 공존하기 때문에 형성된 상권의 대부분이 주거+근린, 오피스+주거상권과 같은 복합상권이라고 보면 된다.

◆ 점포 컨설팅 Tip: 주변 상권분석을 토대로 한 점포 맞춤형 지도요령

만약 앞의 상권도에서 3번 상권 내에 있는 A편의점의 슈퍼바이저일 경우 상권 컨설팅하는 팁을 예시로 들어 보겠다.

'점주님, 이 점포의 상권은 300미터 반경 내 3,450세대의 아파트로 구성되어 있는 주거상권과 우리 점포의 양측 4차선 도로라인 100미터에 구성된 근린생활시설들이 공존하는 주거+근린생활상권입니다.

둘러싸고 있는 주거는 3,450세대이지만, 최근 편의점의 매출발생 범위는 약 100미터로 보고 있어 직접적인 영향을 주는 주거는 1,743세대입니다. 간접적인 주거세대까지도 신경을 쓰면 좋겠지만 우리에게 직접적인 매출발생을 일으키는 1,743세대(삼용, 신안, e편한 세상 아파트)에 대해 집중 마케팅을 진행하면 좋을 듯합니다.

1,743세대의 가구 구성비중은 4인가구가 37%로 가장 높고, 3인가구가 30%로 그 다음입니다. 3~4인가구의 비중이 70%에 육박하기 때문에 이번 점포 리뉴얼 시에 1차적인 상품구성은 3~4인가구에 초점을 맞추어 구성을 하면 좋을 것 같아요. 3~4인가구의 경우 대부분 집에서 식사하는 경우가 많기 때문에 도시락보다는 자녀들의 간식용으로 삼각김밥의 발주 비중을 현재 일 평균 12개보다 약 20% 증대한 15개를 발주해 보면 효과를 볼 수 있을 것 같네요.'

이러한 식으로 **그냥 무조건 '발주 더 늘리세요!'가 아닌 객관적인 분석과 수치를 제시해야 점주로 하여금 수긍을 이끌어 낼 수 있다.**

왜냐하면, 점주들은 처음 슈퍼바이저를 대할 때 본사에서 파견 나온 감시자라는 생각을 하기 때문이다. 자신들에게 불합리한 업무를 요구할 수 있다고 생각하는 경우가 많기 때문에 막연한 이야기를 던지면 역효과가 날 수 있다. 객관적으로 분석한 DATA자료가 근거가 되어야 그 다음 대화로 이어질 수 있다는 점을 명심해야 할 것이다.

사례로 본 슈퍼바이저의
다양한 유형

　매경이코노미에서 프랜차이즈의 꽃이라 불리우는 슈퍼바이저의 유형을 크게 네 가지로 분류하여 자신의 업계에서 맹활약을 펼치고 있는 담당자들을 심층 취재한 기사를 발췌해 보았다.

발로 뛰는 현장형

1) 유가네 닭갈비 이해니 사원

'16시간(950분), 2만보 이상'

부산·경남 지역 22개 유가네닭갈비 매장을 담당하는 이해니 사원(27)의 월평균 통화시간과 일평균 걸음수다. 부지런히 매장을 찾는 그의 현장 중심 관리는 미운 오리 새끼도 백조로 탈바꿈시킨다. 매출이 부진했던 부산 괴정점은 그가 맡은 지 1년여 만에 전국 가맹점 중 매출 성장률 1위에 올랐다.

괴정점은 50대 점주가 2012년부터 7년째 운영해온 곳. 중심 상권에 위치했는데도 매출이 떨어지자 두 딸까지 나서서 도왔지만 역부족이었다. 이때 이해니 사원이 투입됐다. 그는 먼저 매장을 둘러보고 점주와 대화를 나눈 뒤 2단계 해법을 제시했다. 일단 표준 매뉴얼을 정확히 준수하게 해 매출을 향상시켰다. 점주의 자신감을 회복시킨 뒤, 배달 영업을 시작하도록 했다. 이 과정에서 점주 신뢰를 얻기 위해 매일 연락하며 소소한 일까지 챙겼다.

배달 시작 후 한 달도 안 돼 매출은 20% 상승했다. 신메뉴(사천마라)도 바로 적용하고 라면 사리를 무료로 제공, 고객과의 긍정적 유대감도 형성했다. 한 고객은 변화된 서비스에 감동받고 그림으로 감사한 마음을 전하기도 했다.

"전단지나 광고물을 나눠 줄 수도 있지만 광고에 비용을 쓰기보다는 실제 주문하는 고객들에게 혜택을 줌으로써 단골 고객의 재방문을 유도하는 것이 더 바람직하다고 생각했어요. 배달앱에는 '요청 사항에 서비스를 적어 주세요. 기분이 좋을 때는 추가로 제 맘대로 서비스가 나갈 수도 있어요'라고 써서 재미 요소도 추가했습니다."

덕분에 괴정점은 본부로부터 우수 매장에 선정, '점주 포상휴가(3박 4일)'를 받았다. 포상휴가는 담당 슈퍼바이저가 점주 휴가 기간 동안 대신 가게를 운영하는 복지제도다. 괴정점 점주는 "우리가 아니라, 이해니 사원이 휴가를 가는 게 맞다."며 고마운 마음을 전하기도 했다.

2) 미니스톱 원석준 대리

매일 2만보 걷고 점주와 경쟁점도 동행 순회

미니스톱 원석준 대리(30)는 매일 편의점에 간다. 성남의 14개 미니스톱 매장을 주 2회 이상 방문하고, 경쟁점도 그 이상으로 간다. 업계 동향 파악과 대책 마련을 위해서다. 한번은 디저트 신상품을 전혀 취급하지 않던 점주가 있어 경쟁점을 동행 순회했다. 경쟁점이 신상품을 많이 구비하고 또 잘 팔리는 현장을 보여 줘 설득하기 위해서였다. 해당 점주는 직접 눈으로 본 뒤 신상품을 취급, 일평균 300~500% 매출이 늘었다. 매주 쏟아지는 신상품은 40~50개. 그가 담당하는 매장은 평균 30~40개씩 발주한다. 신상품 중 절반만 발주해도 성공인데 40% 이상 초과 달성한 성적표다. 이런 성과를 인정받아 최근 우수 사원 2위에 선정됐다.

"점주가 매너리즘에 빠지면 그간 해 오던 대로 팔린 만큼만 재주문하는 '패턴 발주'를 하기 쉽습니다. 고객 입장에서 신상품이 별로 없으면 지루하게 느끼고 발길이 뜸해지죠. 경쟁점의 상황을 수시로 파악하고 점주와 공유하며 편의점의 역동성을 높이는 데 주력하고 있습니다."

3) SPC 박세현 과장

매장 이전을 통한 수익성 강화

SPC 박세현 과장은 파주 운정 신도시에 입점한 매장의 입지를 재조정, 비용을 낮추고 수익을 높인 사례다.

그가 슈퍼바이저로 부임해서 가 보니 입지나 평수(18평)에 비해 임대료가 과도하게 높아 매장 손익이 안 좋았다. 박 과장은 점주와 상의해 매장

이전 동의를 받고 동일 상권 내 다른 입지를 알아봤다. 마침 대로변에 입지도 더 좋고 평수(25평)도 더 넓지만 임대료는 상대적으로 저렴한 곳을 발견했다. 매장 이전 후 품질, 위생, 고객 서비스 등 여러 방면에서 더욱 개선한 결과 매출이 약 30% 증가, 점주의 순이익이 두 배 가까이 향상됐다.

"매출을 올리기 위해서는 최신 트렌드를 빠르게 따라가는 것이 무엇보다 중요합니다. 가령 올해 파리바게뜨는 배달 서비스 '파바딜리버리'를 강화했는데요. 매장에서는 얼마나 이 시스템에 빨리 적응하느냐가 큰 숙제였습니다. 제가 담당하는 매장에서는 소비자의 재구매를 유도하기 위해 손으로 쓴 감사편지, 재방문 시 할인쿠폰 동봉, 배달앱 댓글 달기 활동 등을 통해 관련 매출을 많이 올릴 수 있었습니다."

4) SPC 노의현 대리

트렌드와 취향을 고려한 리뉴얼 실시하여 효과

SPC 서울남부팀의 노의현 대리도 비슷하다. 현장 우선주의가 원칙인 그는 항상 점포로 출근해 매장 상태를 체크하고 점주와 의견을 교환한다. 연초에 파리바게뜨 간판과 내부 인테리어가 리뉴얼됐을 때 일이다. 점주들은 비용 대비 효과가 있을까 미심쩍어했다. 그러나 그는 급변하는 트렌드와 소비자 취향을 고려, 리뉴얼의 필요성을 설득했다. 결국 점주는 그를 믿고 리뉴얼을 단행했고, 고객 만족도가 높아지며 매출이 상승하는 성과를 냈다.

"빨리 가려면 혼자 가고 멀리 가려면 함께 가라'는 말이 있습니다. 경기가 안 좋고 힘든 시기지만 모두가 자기 자리에서 최선을 다한다면 반드시 좋은 결과가 나올 것이라고 믿습니다."

'업계빠삭' 전문가형

1) 투썸플레이스 신미선 과장

다양한 경험을 통한 조언형

투썸플레이스 신미선 과장(39)은 외식업계 슈퍼바이저로 잔뼈가 굵었다. 23세 미대생이던 그는 졸업 작품을 내러 서울에 왔다가 강남 패밀리레스토랑에 처음 가 봤다. 정장 차림의 여자 점장이 당당하게 일하는 모습에 반한 그는 바로 그 매장에 입사해 7년을 일했다. 이후 투썸플레이스로 이직, 점장 3년을 거쳐 슈퍼바이저가 됐다.

신 과장은 담당하고 있는 25개 매장의 매출 향상을 위해 단기적인 이벤트에 의존하지 않는다. 매장 서비스 수준이 높아져야 장기적 성장이 가능하다는 것이 그의 지론이다. 이를 위해 점주는 물론, 직원과 아르바이트생까지 1:1 면담을 한다. 한번은 한 직원이 자신이 음료나 음식을 만드는속도가 느리다고 토로했다. 그는 조리 장면을 직접 촬영, 시간을 잰 뒤 시

럽을 짜는 방법 등 구체적인 개선책을 내놨다.

필요하다면 과감한 조언도 서슴지 않는다. 한 매장은 아르바이트생들 연령대가 너무 어리다고 판단, 점주에게 직원 교체를 조언했다. 주부가 많은 상권인데 어린 아르바이트생 대응이 고객에게 맞아 보이지 않는다는 논리적인 이유를 내세웠다. 직원 교체 후 고객 민원이 급감했고, 반년 만에 매출이 30% 이상 급등했다.

2) 생활맥주 이창범 가맹운영팀장

외식업 경력만 15년

'생활맥주'의 이창범 가맹운영팀장도 외식업 경력만 15년에 달하는 전문가다. 아웃백스테이크하우스에서 홀·주방 매니저를 거쳐 점장까지 9년 근무 후 호주 호텔대(ICMS)에서 호텔경영학을 전공했다. 한국으로 돌아와 놀부 슈퍼바이저를 거쳐 현재 생활맥주 슈퍼바이저들을 총괄하는 팀장으로 3년째 근무 중이다. 이 같은 풍부한 경력과 전문성은 가맹점 지원에 큰 힘을 발휘한다.

일례로 그는 경기도 양주의 한 신도시 상권에서 반려동물과 산책하는 동네 주민들이 많다는 데 착안, 관련 마케팅을 제안해 성과를 냈다. 판매수익의 일부를 유기견 보호단체에 후원하는 '마크퀄쉬' 맥주를 팔고 매장 앞에는 반려동물을 위한 물그릇과 간식도 준비한 것. 지역 맘카페와 SNS를 통해 '개념 있는 가게'로 입소문을 타면서 가맹점 월매출이 30% 증가했다.

3) 피자헛 선종호 영업운영팀 차장

피자헛과 생사고락을 함께

피자헛 영업운영팀 선종호 차장(39)은 피자헛에 인생을 바쳤다 해도 과언이 아니다.

고등학생 때부터 피자헛에서 5년 6개월 간 아르바이트를 했던 그는 전역 후 23세에 직원으로 입사했다. 회사를 다니며 대학에 진학, 우수 팀메이트에 선정돼 전액 장학금도 두 번이나 받았다. 직영점 점장을 거쳐 2013년 본사로 발령, 신규 점주 교육과 식품안전 매장 심사를 담당했다. 그가 교육했던 점주는 물론 지난해 3월 슈퍼바이저가 돼서 담당한 점주 50여 명 중 현재까지 폐점한 이는 한 명도 없다.

"식품안전 매장 심사를 담당하며 전국 가맹점을 다 가 보고 점주들도 다 알게 됐습니다. 이런 친화력과 전문적인 조언으로 가맹점 매출을 내부 목표치 대비 10% 이상 초과 달성했습니다. 지난해 우수 점주로 선정돼 해외여행을 보내 드린 점주만 세 분이나 됩니다."

4) 설빙 김울 대리

'설빙카페'의 어머니

설빙 김울 대리는 설빙이 2017년 처음 선보인 새로운 콘셉트 매장인 '설빙카페'의 첫 직영점장 출신이다. 설빙카페는 설빙이 기존에 출점하던 매장과 형태가 다른 '오픈 주방'이 특징. 설빙으로서는 큰 도전이었다. 메뉴 특성상 인절미 가루와 미숫가루가 휘날려 성수기인 여름이면 주방은 전쟁통이 되기 마련. 이를 고객에게 오픈하자니 내부에서도 우려가 적잖았다. 설빙카페 첫 직영점장이 된 그에게 매뉴얼이 있을 리 없었다. 그는 맨땅에 헤딩하는 각오로 직접 시행착오를 겪은 끝에 설빙카페 매뉴얼을 구축, 전사에 공유했다. 이후 설빙 가맹사업은 설빙카페로만 진행 중이다.

"제가 직접 만든 매뉴얼이니 당연히 설빙카페에 대한 이해도가 높을 수밖에요. 자신 있게 말씀드리면 점주들도 고개를 끄덕이며 잘 따라 줍니다."

'매출껑충' 매출향상형

1) BGF리테일(CU) 이예라 대리

가맹점 매출 70% ↑

편의점은 업종 특성상 슈퍼바이저 운신의 폭이 넓지 않다. 신상품 들여놓기나 진열대 배치 바꾸기 정도가 고작이다. 일매출 몇 천원 올리기도 버겁다. BGF 리테일 이예라 대리(31)는 다르다. 매출 올리는 데 귀신이다. 먼저 작은 성공으로 점주의 신뢰를 얻는 것이 핵심 포인트다.

일례로 즉석조리식품 판매 활성화를 위해 그는 매장에 대형 튀김기 대신 에어프라이어를 도입, 소비자 반응을 살폈다. 비싸고 공간도 많이 차지하는 튀김기보다 에어프라이어로 먼저 팔아 보고 매출이 잘 나오는지 확인 후 튀김기 도입 여부를 결정한 것. 망설이던 점주들도 에어프라이어로 성과가 확인되면 적극 튀김기를 도입, 매출이 향상됐다. 기존점을 인수한 새 점주는 그의 조언을 적극 받아들인 결과 매출이 기존점 대비

70% 성장하기도 했다. 이런 공로를 인정받아 그는 지난해 BGF 임직원 약 2,000명 중 5명만 뽑는 '올해의 BGF인'에 선정됐다.

"슈퍼바이저는 점주가 믿고 따라오게 해야 합니다. 예를 들어 갑자기 군고구마를 팔자고 하면 70%는 반대하죠. 첫 번째 성공 사례가 중요해요. 제가 제안해 발주한 디저트가 잘 팔리는 순간, 점주는 '이 사람 말을 들어도 되겠구나' 하고 안심하죠."

2) 홍루이젠 김민혁 과장

홍루이젠, 3,420만원 단체주문 받아줘

홍루이젠 김민혁 과장(29)은 매출이 부진한 가맹점들의 '구원투수'로 통한다. 기업, 학교, 병원, 공공기관 등 B2B 영업을 통해 받아낸 단체 주문을 이들에게 배정해 주기 때문이다.

지난 6월에는 대기업 직원들 간식으로 1만8,000개 샌드위치 주문을 받아내 단번에 3,420만원의 매출을 올렸다. 그는 매출 부진 가맹점 두 곳에 해당 매출을 나눠 줬다. 수익 악화로 힘들어하던 점주에게는 가뭄의 단비 같은 일이었다. 지난 7월에도 샌드위치 1만 개 이상 단체 주문을 2건 받아 매출 부진점에 나눠 줬다.

"매출이 저조하면 점주는 의기소침해져 더 장사가 안 되는 악순환에 빠지기 쉽습니다. 이렇게 도움을 주면 다시 힘을 얻어 매장에 생기가 돌죠.

직영점 인근에서 들어온 단체 주문도 가맹점에 나눠 줍니다. 그런다고 제가 따로 받는 성과급은 없습니다."

3) 써브웨이 도선영 과장

철저한 데이터관리를 통하여 매출향상 프로그램 제안

써브웨이의 도선영 과장(33)은 대학에서 외식경영을 전공하고 슈퍼바이저로만 8년간 근무한 베테랑이다. 그는 담당 매장이 오픈 후 안정기에 접어들었음에도 안주하지 않고 프로모션을 적극 실시, 3개월 만에 22% 추가 매출을 달성했다. 그가 점주에게 가장 강조하는 부분은 매장 청결과 고객 응대다. 외식업에서 청결한 매장과 친절한 서비스가 전제되지 않으면, 어떤 훌륭한 마케팅도 결국 무용지물이 된다는 믿음에서다.

"각 매장의 매출과 운영 데이터 분석 결과를 기반으로 개선점을 파악한 뒤 매출 상승에 필요한 프로그램을 제안합니다. 이때 중요한 것은 상권, 고객 특성 등 각 매장의 특수하고 개별적인 상황을 반영한 '매장 맞춤형 전략'이어야 한다는 점입니다. 또 해당 점주가 실행 가능한 방안이어야 합니다. 가령 대학 인근 매장에서는 대학생 커플을 겨냥한 세트 메뉴 행사, 중고등학생 대상 학원 밀집 지역 매장에서는 샌드위치 구매 시 100원만 추가하면 음료 제공, 커피숍이 많은 상권의 매장에서는 샌드위치 구매 시 커피 할인 행사 등을 진행해 성과를 거뒀습니다."

4) 커피베이 최형근 대리

상권분석을 통하여 상권에 맞는 세트메뉴 구성

커피베이 최형근 대리(33)는 커피베이에서만 6년간 근무, '커피베이를 가장 잘 아는 슈퍼바이저'로 통한다. 그는 아침 6시에 눈을 뜨면 가장 먼저 인터넷 포털에 '커피베이'를 검색한다. 관련 뉴스는 물론, 블로그, 카페 등에 올라온 고객의 소리까지 꼼꼼히 챙겨 본다.

입사 후 처음으로 가맹점을 방문했을 때 일이다. 한 점주가 "본부의 도움 필요 없다.", "슈퍼바이저가 안 왔으면 좋겠다."며 문전박대했다. 그는 실력으로 자신의 가치를 입증했다. 우선 대학가의 매장임을 감안, 주머니가 가벼운 대학생을 위한 저렴한 세트 메뉴를 구성했다. 동아리나 과 대표와 제휴해 매장에서 모임을 할 경우 10% 할인도 제공했다. 덕분에 가맹점 매출이 30% 상승했고, 점주도 그를 신뢰하게 됐다.

"매출 상승을 위해 가장 먼저 하는 일은 상권 분석입니다. 이후 점주 인터뷰와 매출 현황 분석을 통해 체감과 데이터 사이의 차이를 확인합니다. 그리고 평일과 주말에 한 번씩 매장을 방문해 오픈부터 마감까지 함께합니다. 이런 과정을 거쳐 집중 판매가 가능한 메뉴를 선정, 고객 특성에 맞는 '권유 판매'를 시도합니다. 고객이 선호하는 메뉴를 카테고리별로 추천, 판매하는 것이 포인트입니다."

'민원처리반' 소통원활형

1) 교촌치킨 이동엽 대리

민원처리를 통하여 클레임고객도 내 편, 가맹점도 내 편으로

교촌치킨 이동엽 대리는 출근하면 가장 먼저 간밤에 고객 불만 사례가 발생했는지 확인한다. 치킨은 저녁 6~10시가 성수기여서 민원도 밤늦게 발생하는 경우가 많다. 때로는 새벽에 자다 일어나 문제를 해결하기도 한다. 한번은 성수기에 주문 누락으로 1시간 넘게 기다린 고객의 민원을 잘 처리해 단골로 만들었다.

"한번은 매장에 와서 포장해 가려는 고객 주문이 누락돼 고객이 1시간 넘게 기다린 적이 있었어요. 점주가 뒤늦게 알고 사과했지만 고객은 사과를 거부하고 홈페이지에 민원 글을 올렸죠. 저도 사과 전화를 하고 점주에게 서비스 재교육을 실시했습니다. 다음에 해당 고객이 재주문했을 때 점주가 전화번호를 알아보고 다시 사과한 뒤 맥주를 무제한 제공했습니다. 이후 마음이 풀린 고객은 동료들도 데려와 회식을 할 만큼 단골이 됐습니다. 점주가 교육대로 잘해 준 덕분이기도 합니다."

또한 가맹점 중, 안산 중앙점은 사방에 가맹점이 있어 인근 점주들이 모두 개설을 반대했다. 하지만 이 대리는 한 달 넘게 상권을 분석, 인근 점주들 피해가 없을 것이란 결론에 이르렀다. 실제 중앙점 오픈 결과는 예상대로였다. 오픈 직후 인근 매장 매출이 15%까지 감소하기는 했지만 3개월 만에 모두 회복됐고 중앙점은 지역 매출 1위에 올랐다. 게다가 그간 중앙점이 없어 주문 적체로 늦게 배달되던 문제도 해소, 인근 매장의 고객 민원도 감소했다. 정확한 상권 분석으로 적재적소에 출점, 최고 매출을 올리고 기존 점의 민원도 줄인 것이다.

2) 오가다 송훈섭 대리

민원 고객을 단골로

슈퍼바이저는 크게 두 부류로 나뉜다. 가맹점 개설 준비부터 오픈 후 일주일까지 맡는 '오픈 담당'과 이후 지속적으로 순회하는 '관리 담당'이다. 그러나 '오가다'는 가맹점 오픈은 물론 운영과 폐점까지 일체를 한 슈퍼바이저가 도맡는다. 점주와의 신뢰 형성을 최우선으로 하기 때문이다.

오가다 운영팀 송훈섭 대리(32)는 "점주와의 신뢰관계가 없다면 최고의 매뉴얼도 적용되기 어렵다. 슈퍼바이저의 어떤 관심도 간섭으로 느껴지기 때문"이라고 단언한다.

고객과의 분쟁 해결도 그의 몫이다. 부산 한 매장에서 임신한 고객이 마시던 음료에서 이물질이 나왔을 때 일이다. 송훈섭 대리는 점주의 지원 요청이 없었지만 자발적으로 개입해 고객과 소통에 나섰다. 금전적 보상보다 태아 건강을 걱정하는 고객의 마음을 헤아리고, CT 촬영 등 병원에서의 검사와 유사시 조치 계획까지 안내했다. 한 달가량 고객을 전담한 끝에 아무 이상 없다는 진단서가 나왔고, 고객은 해당 매장의 단골 손님이 됐다.

3) 이디야 송상윤 과장

빗속 2시간 달려가 민원 처리

이디야 송상윤 과장(35)은 지난 2016년 충청도의 한 매장에 확장을 권유, 월매출을 70%가량 향상시켰다. 주부 고객은 많은데 매장이 좁아 체류 시간이 짧은 것에 착안한 결정이었다. 주부 공략을 위해 점주와 상의해 수유실과 유모차 주차존도 만들었다. 2016년 당시는 이디야가 작은 평수에 테이크아웃 위주 전략을 펼치던 시기. 쉽지 않은 결정이었지만 그에 대한 점주의 신뢰가 두터웠기에 가능한 일이었다. 지난 4월에는 안산 한 번화가 상권에 위치한 매장에 추가 출점을 제안, 다점포 운영을 성공적으로 안착시켰다. 일렬로 늘어서 있던 상권의 한쪽 끝에 위치한 매장이었는데, 반대편 끝에도 출점하면 두 상권의 수요를 모두 가져갈 수 있다는 계산이 적중했다. 이런 성과를 인정받아 사내 우수 슈퍼바이저 2위에 올랐다.

그의 매출 향상 비결 중 하나는 철저한 고객관리다. 한번은 20대 초반 여성 고객이 민원을 제기, 전화를 걸자 다짜고짜 욕을 하더니 '당장 내 앞으로 오라'고 요구했다.

"비 오는 날에 2시간 넘게 걸리는 거리였지만 바로 달려갔습니다. 시간을 끌면 화를 돋우게 마련이니까요. 얘기를 들어보니 단골 고객인데, 자신을 등한시하고 다른 고객에게 더 친절히 대하는 것에 서운하더라는 것이었습니다. 매장에 애착이 강한 고객이었던 거죠. 점주와 삼자대면을 통해 오해를 풀어 드리자 만족해서 더욱 즐겨 찾는 단골 고객이 됐습니다."

4) 도미노피자 김현진 님

문제 발생 시 점주와 직원 모두 참석하는 소통의 자리 마련

김현진 씨는 2002년 도미노피자에 입사한 18년 차 베테랑이다. 그는 가맹점의 철저한 운영 관리를 중시한다. "완벽한 제품을 완벽한 서비스로 고객에게 전달하는 도미노피자의 기본기에 집중하는 것이 가장 큰 성공 노하우"라는 지론이다.

적정 인원에서 결원이 생기는 것은 경계한다. 제대로 된 서비스를 제공할 수 없기 때문. 점주와 직원들이 모두 참석하는 소통의 자리를 마련해 인원을 충원, 매출 향상을 이끈 적도 있다. 최근 신규 오픈한 매장도 이런 노하우를 십분 발휘, 기대 매출 대비 약 150%의 월평균 매출을 달성했다.

철저한 직원 교육을 통한 완벽한 피자 조리, 구역 내 홍보 현수막 게시와
홍보물 발송 등 다양한 마케팅과 할인 프로모션을 진행한 결과다.

매경이코노미는 국내 주요 프랜차이즈에서 가장 실력이 뛰어난 '베스트 슈퍼바이저' 15인을 선
정, 그들의 성공 노하우를 들어봤다. 사진은 왼쪽부터 최형근(커피베이), 신미선(투썸플레이스),
이예라(CU), 원석준(미니스톱), 송상윤(이디야), 이동엽(교촌치킨), 김울(설빙), 송훈섭(오가
다), 이해니(유가네닭갈비), 김민혁(홍루이젠) 슈퍼바이저. <사진 : 윤관식, 최영재 기자>

왼쪽부터 도선영(써브웨이), 김현진(도미노피자), 박세현(파리바게뜨), 이창범(생활맥주), 선종
호(피자헛) 슈퍼바이저.

[노승욱 기자 inyeon@mk.co.kr, 나건웅 기자 wasabi@mk.co.kr]

[매경이코노미 노승욱, 나건웅 기자 제2031호] (19.10.30~19.11.05일자 기사)

슈퍼바이저 지망생들을 위한
취업가이드

1

끝까지 읽고 싶게 만드는
자기소개서 작성 Tip

1) 모든 질문의 시작은 강렬한 한 문장으로

기업의 자기소개서에는 몇 개의 질문이 주어진다. 이때 필요한 것이 인사담당자가 내 자기소개서를 관심을 갖고 볼 수 있도록 시선을 잡아 둘 수 있는 강렬한 문장이 필요하다.

예) 성장과정을 기술하시오.
[더 하려야 더 할 게 없는, 마지막의 마지막까지 최선을 다하는 최선]
고3 수능을 마치고 목표한 만큼의 결과물이 나오지 않아 좌절에 빠져 있을 때 우연히 보게 된 정주영 현대 창업주의 자서전에서 가장 감명 깊게 읽은 문장입니다. 이 문장은 항상 어떤 일을 행할 때마다 제 스스로에게 묻는 질문입니다.

⇒ 서류 심사를 하는 인사담당자는 수없이 많은 서류를 검토한다. 그렇게

많은 서류를 정독을 해서 읽을 수 있을까? 물리적으로 불가능하다. 대략적인 부분을 읽고 넘어가는데 누구나 다 쓰는 식상한 문장들로 채운다면 가차없이 넘기게 된다. 그렇기 때문에 이러한 식으로 **질문마다 그 질문에 대한 자신의 생각을 함축적이고 강렬하게 내포할 수 있는 하나의 문장으로 표현을 해서 인사담당자의 시선을 잡을 수 있게 하는 것이 중요 포인트이고, 서류 합격가능성을 높여 줄 수 있다.**

2) 지원하는 기업에 대한 칭찬보다 비판을 하는 것이 나을 수 있다

대부분의 지원자들은 지원하는 기업에 대해 '평소에 ○○○을 이용하며 이 기업에 기회가 된다면 꼭 입사하고 싶었다.', '기업이미지가 너무 좋다.' 등의 칭찬을 많이 쓴다. 그러나 과연 직원을 채용하려는 기업 입장에서 이런 식상한 멘트를 쓰면 좋아할까?

CU를 예로 들어 보겠다.

A지원자: 훼미리마트 시절부터 집 근처에 점포가 있어 매일 용돈이 생기면 달려가곤 했습니다. 저에게는 놀이터보다 자주 갔기 때문에 제2의 가정 같은 곳이었습니다.

B지원자: CU 입사 준비를 하며 최근 가맹점주들의 편의점 브랜드 선호도가 GS25가 높다는 사실을 여러 매체를 통하여 보았습니다. 이유가 무엇일지에 대

해 나름의 분석을 해 보았고, 가장 큰 요인 두 가지는 '점포당 일매출'과 '상품의 종류'였습니다.

⇒ A는 기업의 긍정적인 부분, B는 기업 입장에서 좋지 않은 부분을 다루었다. 당연히 기업 입장에서는 A의 표현이 좋을 것이다. 그러나 A의 표현은 소비자로부터 듣고 싶은 소리일 뿐, 직원을 채용하는 입장에서는 오히려 우리 기업의 단점이 될 수 있는 부분에 대해 솔직한 의견을 표현하는 것을 더 선호할 수 있다. 단, 여기서 중요한 포인트는 **비판만 늘어 놓는 것이 아니라 지원자 입장에서 고민한 해결책도 함께 써야 한다.** '아마추어지만 지원하는 기업에 대해 이 정도까지 고민했다.'라고 어필하는 것이 서류 합격에 도움이 될 수 있기 때문이다.

3) 구체적인 수치를 사용하는 비중을 높여라!

다음의 A와 B를 비교해 보자.

A: 베이커리에서 오랜 시간 아르바이트를 했습니다. 평균 매출액에서 마카롱 판매 비중이 상당히 높았습니다.
B: 베이커리에서 약 11개월의 아르바이트 경험이 있습니다. 매장의 일 평균 매출액 200만원 중에서 마카롱 판매비중이 28%(56만원)일 정도로 상당히 높았습니다.

⇒ 필자가 취업 컨설팅을 했던 동일 인물이다. A에는 구체적으로 표현이 되지 않는 막연한 내용이다. 어느 정도 일을 해야 오랜 시간인지, 판매 비중이 얼마나 되길래 상당히 높다는 건지 알 수가 없다. 반면, 수정을 한 B는 11개월 동안 아르바이트를 하였고, 마카롱의 판매비중이 28%로 그 많은 제품들 가운데 높은 비중을 차지한다고 구체적인 수치를 넣어 표현하였다.

위와 같이, 동일한 주제를 썼음에도 불구하고 읽는 사람 입장에서 다가오는 느낌이 상당히 차이가 난다. 그래서 **상대방에게 어필하고자 하는 내용에 대한 신뢰감을 주기 위해서는 반드시 구체적인 수치를 써 주는 것이 좋다.**

4) 영업관리는 현장에 답이 있기 때문에 자기소개서 작성 전 현장을 마스터해라

영업관리 직무를 지원하는 지원자들이 반드시 해야 하는 일은 현장을 수도 없이 가 보는 것이다. 절대 하지 말아야 할 행동은 해당 기업에 대한 뉴스 또는 인터넷 검색만 하는 것이다.

입사 후 포부, 경쟁력 제고 방안 등을 쓸 때 절대 막연하고, 거창하게 쓸 필요는 없다. 오히려 눈앞에 벌어지는 일들을 차근차근히 경험하겠다는 메시지를 디테일하게 쓰는 것이 좋다.

뚜레쥬르를 예로 들어 보겠다.

A지원자: 입사할 기회가 주어진다면 저의 그동안의 다양한 경험을 바탕으로 개선할 사항을 적극적으로 건의하여 회사가 업계 2위에서 1위로 올라갈 수 있도록 밑거름이 되겠습니다.

B지원자: 서울시 강서구에 있는 매장들 중에서 파리바게뜨와 직접 경쟁을 벌이고 있는 화곡점을 방문해 보았습니다. 동일 제품군에서 찹쌀왕도너츠를 구매하여 분석했습니다. 찹쌀왕도너츠 100g당 가격이 뚜레쥬르 1,000원(가격 1,500원, 중량 150g)이고, 파리바게뜨 938원(가격 1,500원, 중량 160g)이었습니다. 고객의 정보력은, 특히 인터넷강국 한국의 정보력은 세계 최고입니다. 이 미세한 62원의 차이가 고객에게는 하나의 소중한 정보가 되고, 기업의 경쟁력 차이로 이어질 수 있습니다. 뚜레쥬르의 영업관리자가 된다면, '브랜드 인지도와 충성도 때문에 우리가 덜 팔리는 거에요.' 같은 패배 의식을 갖기 전에, 이 미세한 차이부터 현장에서 적극적으로 본사와 소통하여 개선해 나가는 데 힘을 쏟겠습니다.

(가격, 중량 등의 수치는 독자의 이해를 돕기 위한 가상의 수치임)

⇒ A와 B 모두 입사하게 되면, 기업에 열심히 기여를 하겠다는 메시지임은 분명하다. 차이가 있다면 영업관리의 본질인 현장에서 바라본 입장에서 내용을 썼는지, 기업 전체에서 바라본 입장에서 썼는지이다. 기업 입장에서 업계 2등 기업을 1등으로 만들겠다는 포부를 가지겠다고 하면 싫어할 이유는 없다. 다만, **누구나 내뱉을 수 있는 막연함이 아닌, 구체적으로 신입사원 입장에서 어떤 세부적인 플랜을 가지고 있는지에 대한 내용**

이 더 참신하고 긍정적으로 느껴질 수 있다는 점을 명심해야 한다.

5) 가능하면 아마추어 입장에서 고민해 본 상품이나 캠페인 등의 제안서도 기획해 봐라!

앞서 언급한 내용 중에 구체적인 플랜에 대한 내용이 있었다. 문제 제기를 하고, 여기서 한번 더 고민을 하여 '이런 상품을 만들어 보면 어떨까?', '이런 캠페인을 해 보면 어떨까?' 등에 대한 기획을 해 보는 것이다.

한솥도시락을 예로 들어 보겠다.

[데워먹는 밥과 퍼 주는 밥]

최근 편의점 도시락은 다양한 컨셉과 종류를 24시간 언제 어디서든 구매할 수 있다는 장점을 바탕으로 지속 성장하고 있습니다. 한솥도시락과 편의점 도시락을 이용해 본 소비자 입장에서 한솥은 주문과 동시에 점주님들이 밥을 정성스럽게 직접 퍼 주시지만 편의점은 종업원이 계산하면서 "드실 거면 전자렌지는 저쪽에 있습니다."라고 합니다. 이러한 엄청난 가치의 차이에도 불구하고 대중들에게 한솥도시락이 왜 편의점의 도시락과 같은 가치로 평가를 받을까? 라고 생각해 보았습니다. 제가 한솥에 입사하면 가장 먼저 현장 최일선에서 한솥의 가치를 끌어올리고 싶습니다. **회사에 건의하여 매장 전면에 "고객님은 1월 1일 오전 9시 지어진 따뜻한 밥을 드시고 계십니다."라는 POP를 깔끔하게 부착하여 점주님 및 종업원들에게 이런 중요한 가치에 대해 자부심을 가질 수 있도록 설명하고 또 설명하겠습니다. 그리고, 한솥 가치 알리기 캠페인을 제안하여 고객맞이 인사로 '직**

접 밥 퍼 주는 한솥 도시락입니다.' '오늘 만든 밥 퍼 주는 한솥입니다.' 등 매월마다 고객맞이 한솥 알리기 캠페인을 제안하여 고객에게 한솥의 소중한 가치를 알리는 데 최일선에 서도록 하겠습니다.

⇒ 이러한 식으로 문제제기와 함께 자신이 기획한 부분에 대한 내용을 포함한다면 인사담당자 입장에서는 지원자의 지원기업에 대한 정성과 적극성을 엿볼 수 있어 보다 긍정적으로 평가할 것이다.

6) 자기소개서만 합격하고 끝낼 게 아니면 면접까지 생각하고 써라!

대부분의 취업 준비하는 지원자 입장에서는 '일단 서류부터 합격하고 보자!'라고 생각한다.

하지만 서류 통과하면 취업이 되는 것이 아니다. 더욱 치열하게 고민해야 할 면접이 기다리고 있기 때문이다. 면접을 하면 자기소개서와 이력서를 토대로 질문을 받게 된다. 그렇기 때문에 **자기소개서를 쓸 때부터 면접 준비를 한다는 마음으로 '이런 내용으로 썼을 때 어떤 질문을 받을까?'라는 생각을 항상 해 보고 작성해야 한다.**

특히 급하다고 해서 경험해 보지 않은 일들을 짜깁기하거나 베껴서 작성하는 것은 절대 해서는 안 되는 행동이다. 결국 면접 때 면접관으로부터 해당 내용에 대한 질문을 받게 될 것이고 면접관들은 질문 한 번 해 보면 '이 친구 거짓으로 썼구나!'라고 금방 눈치챌 수밖에 없다.

그렇기 때문에 자신이 자기소개서를 준비하는 과정에서 어떠한 질문이 와도 자신 있게 대답할 수 있는 내용을 기재하는 것이 좋다.

면접관이 합격시킬 수밖에 없도록 만드는
면접준비 Tip

1) 면접 기회가 오면 재지 말고 무조건 응시해라!

'지원은 했는데 내키지 않아 면접 안 가야지.'라고 생각하는 것이 가장 미련한 생각이다. 면접의 기회는 돈 주고도 사기 힘든 소중한 기회이다. 태어나서 처음 기업면접을 보는데 합격한다는 것은 말처럼 쉬운 일이 아니다. 그렇기 때문에 필자는 취업준비생들을 컨설팅할 때 최대한 지원을 많이 하여 면접의 기회를 가질 것을 권유한다. 특히 동종업종일 경우, 질문의 유형들이 비슷할 수 있기 때문에 이번에 버벅거렸더라도, 스스로 철저히 보완을 한다면 충분히 다음 면접 때는 우수한 평가를 받을 가능성이 크다. 취업스터디 등을 통하여 면접 예행연습을 보는 것도 좋은 방법이지만, 실제 면접장에서 복장을 갖추고 아우라 있는 면접관 앞에서 침이 바싹바싹 말라 가며 많은 질문에 대답을 해 보는 경험보다 좋을 수는 없다.

'자신을 1분 동안 표현해 봐라.' 등의 면접장에서 자주 받게 되는 질문에 대해서는 아예 암기를 하여 자신만의 답변을 만들어 놓는 연습도 해놓으면 좋다.

그리고 **면접은 자신감 싸움이기 때문에 많은 면접을 경험해 본 지원자들은 경험을 해 보지 못한 다른 지원자들보다 더욱 자신감을 갖고 면접에 임할 수 있다.**

2) 면접에서 대부분의 질문은 자기소개서와 이력서를 바탕으로 한다

면접관들은 지원자에 대해 아는 것이라고는 인사담당자로부터 전달받은 지원자의 자기소개서와 이력서뿐이다. 그렇다면 지원자는 자신이 제출한 자기소개서와 이력서를 토대로 면접관의 예상질문에 대하여 미리 준비를 하는 것이 좋다. 예를 들어 '~하겠습니다.'라고 쓴 내용이 있으면 그 내용에 대해 집중적으로 질문을 받을 수 있으니 세밀하게 준비하는 것이 필요하다. 또한 **하나의 주제로 꼬리에 꼬리를 무는 질문에 대한 대비도 철저히 해야 한다.**

(편의점 기업 경력직 압박면접 질문 예)

Q: 가장 자신이 성취감을 느꼈던 경험은?

A: 야구장에 저희 기업의 식음을 판매할 때였는데 오픈하고 어린이날 경기가 있던 날 매출 최고치 경신을 했을 때입니다.

Q: 그날 매출이 얼마였나요?

A: 일 5천만원이었습니다.

Q: 평상시 매출은요?

A: 평일경기는 8백만원, 주말경기는 2천만원이었습니다.

Q: 가장 많이 팔리는 품목 5가지는?

A: 맥주, 과자, 아이스크림, 오징어, 핫바였습니다.

Q: 야구장 관계자와는 행사 진행 협의가 잘 되었나요?

A: 처음에는 어려운 부분이 많았는데 시간이 지나고 시즌 중반부로 가면서 호흡이 잘 맞았습니다.

Q: 그 담당자 이름이 뭐였나요?

A: 김윤호입니다.

Q: 직급은 뭐였나요?

A: 대리였습니다.

쭉 읽어보면 그다지 어려워 보이지 않으나 막상 이러한 상황에 놓였을 때에는 당황에서 대답을 하지 못하고 버벅거리는 경우가 다반사다.

그렇기 때문에 **자기소개서를 쓸 때에는 이런 방식의 질문까지 예상하여 자신 있게 설명할 수 있는 내용을 담는 것이 중요하다.**

3) '지피지기면 백전백승' 최대한 지원기업의 정보를 캐내라!

지원기업을 다니고 있는 현직자만큼 해당 기업에 대한 정보를 많이 알고 있기는 힘들다. 평상시 입사를 희망하는 기업이 있으면, 인맥을 총동원하여 현직자가 있는지 알아보고, 취업카페 등을 통하여 여러 정보를 수집하는 작업이 필요하다. **해당 기업이 최근 가장 중요시하는 정책과 이슈, 기업문화, 기업 내 분위기 등에 대하여 숙지를 하고, 가능하다면 바로 직전 채용 당시 진행방식, 채용인원, 채용 시 질문 등에 대해서도 정보를 얻는 것이 중요하다.** '지피지기면 백전백승'이라는 말이 있듯이 해당기업에 대한 정보가 많으면 많을수록 면접을 보는 데 유리하다. 또한, **홈페이지나 채용사이트에 나와 있는 기업비전, 미션, 인재상, 최근 3개년 매출, 영업이익 등은 면접 전 반드시 암기할 것을 권장한다.**

(최근 이슈와 연계된 질문 예)

1. 최근 가장 이슈가 되고 있는 코로나로 인하여 많은 기업들이 재택근무를 하고 있는데 우리 기업특성상 재택근무를 하게 되면 장단점에는 어떤 것들이 있을까요?

2. 경제위기로 인하여 내년도 최저임금을 내려야 한다, 올려야 한다, 동결로 해야 한다. 등 다양한 의견이 많이 나오고 있습니다. 내년도 최저임

금에 대한 견해를 얘기해 보세요.

(지원기업에 대해 얼마나 알고 있는지에 대한 예)

1. 우리 기업은 2018년 대비 2019년 매출이 5% 늘어났는데 영업이익은 -2%로 역성장을 했습니다. 가장 큰 원인이 무엇일까요?

2. 혹시 우리 기업이 추구하는 인재상을 알고 있나요? 귀하는 얼마나 부합된다고 생각하나요?

4) 취업스터디 모임에 적극적으로 참여하고, 사전 리허설도 필수!

같은 기업을 지원하는 지원자들끼리 만나면 서로가 몰랐던 부분을 보완할 수 있어 유용하다. 질문을 하면서도 답변자의 좋은 태도와 몰랐던 지식에 대하여 공부를 할 수 있고, 답변을 하더라도 예상치 못했던 질문에 대한 임기응변 능력을 키울 수 있다. 취업스터디 모임은 많이 가질수록 좋다. 그리고, 되도록이면 해당 기업의 면접장 정보(면접관:지원자 비율) 등을 확인하여 **실제 면접을 보는 면접장과 유사하게 연출을 하고, 예행연습을 해 보면 실제 면접장을 가도 낯설지 않아 적응하는 데 큰 도움이 된다. 예행 연습 시에는 동영상을 통하여 자신이 답변을 어떠한 식으로 했고, 답변할 때의 표정과 자세는 어땠는지 확인하고 개선해 나가는 과정도**

반드시 해 보기를 바란다.

5) 지원기업이 편의점 기업이라고 해서 편의점 업계만 공부해서는 안 된다

만약, 자신이 지원하는 기업이 GS25라면 동종업계 기업인 CU, 세븐일 레븐, 이마트24만 공부하면 될까? 최근 언론에서 많이 다루는 내용 중에 '영역파괴'라는 말이 있다. 한 대형 유통업체 관계자는 복합쇼핑몰을 개장 하며 '우리의 경쟁상대는 야구장입니다.'라고 했다.

만약 BHC치킨 입점 상권조사를 할 때, 경쟁점 조사를 교촌이나 BBQ만 을 찾는 것이 아니라, 상권 내에 닭을 튀겨서 판매하는 편의점이 있다면 이 역시 조사해야 한다. 한 마리가 아닌, 부위 한쪽도 판매가 가능하고 캔 맥주도 행사를 통해서 저렴하게 판매하기 때문에 1인 가구가 밀집된 상권 에서는 오히려 더욱 위협적일 수 있다. 업종 파괴의 전형적인 예이다.

이처럼 각자의 영역이 분리된 것이 아니라 이제는 경계가 없어진 시대 가 된 것이다. 또한 GS25는 유통기업이기 때문에 편의점업계만 공부할 것이 아니라, 전체적인 유통업계의 동향, 이슈 등에 대해서 공부를 하면서 시야를 넓히는 연습을 해야 한다. 이러한 부분은 단기간에 이루어지는 것 이 절대 아니기 때문에 **평상시 희망하는 분야의 관련 기사, 정보 등을 주 기적으로 읽으며 스크랩하는 습관을 가지면 좋다.**

[2019년 편의점의 영업이익이 유통업계 철옹성 대형마트를 앞질렀다. 편의점 상위 업체 2곳의 영업이익은 4,531억(GS25: 2,565억/CU:1,966억)을 기록하여 대형마트 1,259억(이마트 1,507억/홈플러스 미집계/롯데마트 248억)보다 3,272억을 더 벌어들였다.]

얼마 전 이슈가 되었던 기사로 2019년 편의점이 대형마트보다 영업이익이 월등히 높았다는 내용이다. 이러한 부분은 유통업계의 중심축이 편의점으로 이동한다는 데이터가 될 수 있기 때문에 면접에서도 활용하기 좋은 멘트이다.

참고로 13년 전 편의점기업 면접장에서 나온 질문이다. '세계 1위 대형마트 업체인 월마트가 왜 우리나라에서는 철수했을까요?'

6) 면접실에 같이 입실하는 지원자들이 떨어져야 내가 붙는다

면접실에 들어가는 지원자는 절박해야 한다. 만약 10명을 채용하는데 면접 응시 인원이 200명이라면, 면접 합격 경쟁률은 20:1이 된다. 20명 중에 1명이 채용된다면, 과연 4명씩 입실하게 되는 하나의 조에서 2명이 합격될 확률은 높을까? 가능성은 희박하다. 잔인한 말이지만, **같이 입실하는 지원자들이 떨어져야 내가 붙는다는 생각으로 면접에 임해야 한다.** 옆의 지원자가 면접관들을 미소 짓게 하면 나는 박장대소할 수 있도록 해야 한다. 옆의 지원자가 면접관들에게 인사할 때 60도의 각도로 인사를 하면, 나는 90도의 각도로 인사를 하여 사소한 부분 하나라도 함께 입실한 지원자들보다 더 면접관들에게 보여 주어야 합격의 가능성이 1%라도 더 높아질 수 있다.

필자 역시 면접을 볼 때마다 전쟁에 나간다는 간절한 마음으로 임했다.

A기업의 최고경영진 면접을 볼 때의 일화가 있다.

앞의 지원자가 해병대였던 것으로 기억한다. 1분 자기소개를 하는데 '필승! ○○○부대 예비역 ○○○입니다.'라고 하더니, 엎드려서 박수 치며 팔굽혀펴기를 하는 것이었다. 면접관들이 흐뭇한 미소로 바라보며 고개를 끄덕이는 모습을 보고 '여기서 밀리면 끝나겠구나!'라는 생각이 들었다. 나의 1분 자기소개 시간이 되었고, 준비한 멘트고 뭐고 간에 눈에 보이는 것도 없었다. '떨어져도 후회없이 떨어지자.'라는 생각을 하고는 멘트를 날렸다.

일어서서 가슴에 손을 얹고서 쩌렁쩌렁하게 면접실이 울릴 정도로 외쳤다.

'나는 자랑스러운 A기업 앞에 저의 가족과 가문의 무궁한 영광을 위하

여 몸과 마음을 바쳐 충성을 다할 것을 굳게 다짐합니다.'

면접관들의 표정이 좋은 것을 확인하고는 자신감을 얻었고, 나머지 면접을 잘 마칠 수 있었다. 결국 최종면접에 함께 들어갔던 인원들 중에 유일하게 뽑힐 수 있었다.

이렇듯 앞의 지원자들이 말이나 퍼포먼스를 잘한다고 하더라도, '그 이상 내가 더 하면 된다.'라고 하는 자신감을 갖고 면접에 임할 것을 권하고 싶다.

7) 성격, 성장과정 등 모든 개인적인 질문에 대한 답은 영업관리 직무와 연계시켜라!

'자신의 가장 큰 장점을 한 가지만 말해 보세요.'라는 질문을 받는다.

A지원자: 저는 성격이 신중하고, 꼼꼼하게 모든 것을 잘 챙기는 스타일입니다.

B지원자: 저는 처음 만나는 사람과도 바로 친해질 수 있는 친밀감이 장점입니다.

A, B지원자가 말한 장점 모두 영업관리 업무 시에 필요한 요소이다.

그런데, 한 가지를 말하라고 했기 때문에 가맹점주와의 소통 및 파트너십이 첫번째로 중요한 영업관리의 특성상 B와 같이 대답하는 것이 직무 연관성이 더 높다고 보면 된다.

만약 상품MD일 경우에도 예를 들어 보자.

A지원자: 저는 초등학교부터 대학교까지 학교수업 때 지각한 적이 단
　　　　한 번도 없는 성실맨입니다.

B지원자: 저는 호기심이 너무 많아 궁금한 게 있으면 해소될 때까지 궁
　　　　금증을 해결하는 끈기가 있습니다.

당연히 성실한 직원은 어느 곳이든지 필요하다.

그러나 상품MD는 새로운 컨셉을 만들어 내고 연구하는 업무가 메인이
기 때문에 면접관들 입장에서는 B지원자를 더욱 선호할 수밖에 없다.

정확한 직무가 정해져 있기 때문에 **면접을 준비할 때부터 해당 직무에
필요한 역량을 갖추고 있는 인재라는 것에 초점을 맞추어 준비해야 한다.**

8) 한 번 거짓말하기 시작하면 결국 불합격의 부메랑으로 돌아온다

너무 합격하고 싶은 마음이 커서 질문을 받다가 거짓말을 하는 경우가
종종 있다. 하지만 한 번 거짓말을 시작하면 연계된 질문이 나오면서 들
통이 나고 만다. 특히 압박면접의 경우가 그러하다. 압박면접의 특성상
하나의 질문을 시작하고 그 질문의 답변을 듣는다. 그리고 그 답변과 관
련된 질문을 다시 던지는 식으로 계속 연관질문을 하기 때문에 사전에 모
르는 질문이 나오면 솔직히 모른다고 얘기하고 다음 질문을 준비하는 것
이 훨씬 나은 선택일 것이다.

누구나 의욕이 앞서다 보면 거짓으로 답변을 하고 싶을 때가 있다.

그렇다 하더라도 다시 한번 강조하지만 거짓말을 할지 말지 순간의 고민을 할 때는 유혹에 넘어가지 말고 차라리 솔직하게 말하는 것이 더욱 좋은 점수를 받을 수 있다.

예를 들어, **모르는 질문을 받았다면, '면접관님, 이 기업을 너무 입사하고 싶어 순간 거짓말의 유혹에 넘어갈 뻔했습니다. 솔직히 잘 모르는 내용인데, 이번 기회를 통하여 완벽히 마스터할 수 있도록 하겠습니다.'라고 말하는 것이 훨씬 면접관 입장에서는 매력이 있을 것이다.**

9) '마지막으로 할 말 있는 사람?'의 주인공은 바로 나!

항상 면접 막바지에는 '마지막으로 할 말 있는 사람 있어요?'라고 묻는다. 취업 준비생들은 무조건 손을 들어야 한다는 선배들의 조언을 많이 들어서 준비를 많이 할 것이다. 필자는 컨설팅 할 때 한 번 더 뜸을 들일 것을 권유한다. 예를 들어 '마지막으로 할 말 있는 사람 있어요?'라고 하는데 과감하게 용기를 내서 '제가 한 말씀 드리겠습니다.' 하고 실컷 말한다. 그 후, 마무리하려는 찰나에 다른 지원자가 '저도 한 말씀 드리겠습니다.'라고 하며 피날레를 장식한다면 효과가 반감될 수밖에 없다. 그렇기 때문에 한 템포 숨고르기를 하다가 **다른 지원자들이 더 이상 발언을 하지 않고, 면접관이 '그럼, 없는 걸로 알고 마무리하겠습니다.'라고 하는 순간 마지막 발언할 것을 권장하고 싶다.**

소매점에 대해 아는 척하기
좋은 운영노하우

단순히 진열만 해서는
상품 진열이라고 말할 수 없다

대형마트가 아닌 편의점이나 소형 소매점들은 진열방식이 중요하다. 진열의 기본 원칙을 알아야 더 효율적이고 제한된 공간에서 매출을 발생시킬 수 있다.

상품 진열의 원칙은

① 한정된 진열면적에서 최대한의 매출을 발생시키는 것

② 보충 진열 등 운영자 노동 효율을 높일 수 있는 것

③ 구매의사결정 측면에서 고객이 최대한 편하게 쇼핑할 수 있도록 하는 것이다.

진열대에는 **골든 존(Golden Zone)**이라고 하는 위치가 있는데 고객이 진열대 앞에 서 있을 때 손으로 물건을 가장 쉽게 잡을 수 있는 위치를 말한다. **골든 존**은(대한민국 표준 키 남자: 174cm, 여자 160cm 기준) 진열

대와 50cm 이격을 기준으로 시선 15도 하향 위치(높이 110~140cm)를 말한다.

골든 존

신상품 홍보 활용
판매우수상품 마케팅 활용
과재고 상품 소진 활용
높은 상품이익률 상품 진열 활용
회전율이 빠른 상품도입 활용

골든 존 진열의 핵심은
풍성한 상품 진열 및 시선집중 홍보물 부착

고객의 시선은 1번 → 2번 → 3번, 좌측 → 우측 횡적인 움직임을 보인다.

☞ 고객의 시선방향을 참고하여 골든 존에는 매장의 상황에 따라 다르게 상품진열이 이루어진다. 고가의 상품으로 매출 볼륨을 키우는 것이 좋을지, 회전율이 빠른 상품진열을 통한 판매증진을 추구할 것인지, 상권 내 소득수준 및 주고객층 등을 분석하여 매장에 맞는 전략을 세우면 된다.

② 손실 없는 매출상승은 없다

운영적인 측면에서 유통(편의점, 슈퍼, 마트 등)업의 가장 어려운 점 하나는 상품폐기 관리이다. 삼각김밥, 도시락, 햄버거 등은 유통기한 1~2일 이내로 기간이 짧기 때문에 과도한 발주는 비용손실이 발생되고 매우 적은 폐기는 매출이 하락하는 경우가 발생한다. 적정한 폐기로 매장을 유지한다는 것이 말처럼 정말 쉽지 않은 일이다.

매우 적은 폐기	적정 폐기	과도한 폐기
6개 판매 -> 6개 발주 -> 폐기 제로 발주량이 적을 수 있다. 결품이 발생 할 수 있다. 고객 기회 Loss가 발생한다. 매출이 유지 또는 하락할 수 있다.	6개 판매 -> 7개 발주 -> 7개 판매 ->1개 폐기 발주량이 늘어난다. 결품이 발생하지 않는다. 판매기회가 늘어 난다. 매출이 상승할 기회가 발생한다.	6개 판매 -> 10개 발주 -> 6개 판매 -> 4개 폐기 발주량이 과하게 늘어난다. 결품이 발생하지 않는다. 폐기량이 증가한다. 매출대비 비용이 증가한다.

폐기 비용을 줄이고 매출증대를 위해서는 폐기가 임박한 상품을 할인 및 증정 등 미끼상품으로 사용하여 단골고객으로 유도하는 로스 리더(Loss Leader) 전략을 이용하면 매출상승에 도움이 되고, 폐기비용 등의 손실을 줄일 수 있을 것이다.

* 로스 리더 전략이란?

특정 상품 가격을 대폭 낮춰 해당 상품에서는 손해를 보지만 더 많은 고객을 유인해 전체적으로는 이익을 내는 마케팅 전략을 이르는 말이다. 경쟁력이 강한 상품일수록 효과가 있는 것으로 알려져 있다.

세븐일레븐 임박상품 할인판매 서비스 예정

우선 세븐일레븐은 스타트업 미로와 손잡고 라스트오더 서비스를 선보였다. 라스트오더는 국내 편의점업계 가운데 최초로 도시락과 삼각김밥, 김밥, 유음료 등 유통기한이 임박한 상품을 30% 할인해 판매하는 서비스다. 세븐일레븐은 라스트오더를 통해 전국 가맹 경영주의 폐기 부담을 크게 줄여주는 동시에 신규 고객 창출에 따른 수익 개선에도 도움이 될 수 있을 것으로 전망하고 있다.

편의점에서 일부 자체적으로 진행하는 경우가 있는데, 자체적으로 시행할 때에는 외부에서도 행사에 대해 고객들이 인지할 수 있는 시각적인 요소를 동원하는 것도 필요하다. 슈퍼바이저가 각 담당하는 매장에 맞게 설정을 해 준다면 손실보다는 분명 이익이 발생할 수 있는 좋은 방안이 될 수 있을 것이다.

가격을 낮추는 것은 쉽지만,
다시 올리는 것은 매우 힘들다

처음부터 상품이나 메뉴가격을 낮추는 점주는 없다. 상품가격과 메뉴가격을 낮추는 경우는 인근 경합점이 오픈하여 매출이 하락하는 경우가 대부분이다. 점주는 경쟁점 오픈으로 매출이 하락하면 가장 먼저 선택하는 방법 중에 하나가 가격경쟁력을 갖추기 위해 할인을 하게 된다.

가격할인은 슈퍼바이저라면 점주를 설득하여 신중하게 판단하도록 해야 한다. 그 이유는 다음과 같다.

첫 번째, 가격할인을 하면 이익률(마진율)이 낮아져 수익이 그만큼 감소하게 된다.

가격할인을 하면 일시적으로 객수가 증가할 수 있으나 장기적으로 보면 고객은 결국 가까운 매장 또는 다양한 서비스로 이루어지는 차별화 매장으로 발길을 돌린다. 박리다매로 이익을 상쇄하면 된다고 생각하지만 박리다매가 꾸준히 이루어지지 않을 뿐만 아니라 가격할인만큼 판매가 이루어지지 않으면 이익은 오히려 감소하게 된다.

> (편의점 기준) 신라면 5입 봉지 4,150원 → 원가 2,765원
> 1봉지 판매 시 이익: 1,385원
> (4,150원 → 3,500원) 650원 할인 시 이익: 850원
> 할인 없이 10봉지 판매 시 13,850원 이익이 발생하는데 판매가격 할인 후
> 13,850원의 수준의 이익을 발생시키려면 약 16봉지(1.6배)를 판매해야 이익이
> 비슷해진다.

기존 판매량보다 1.6배 이상이 판매되지 않는다면 수익감소로 이어지기 때문에 가격할인을 결정 시에는 신중해야 한다.

두 번째, 가격할인 후 재인상한다면 고객은 상당한 불쾌감을 느낀다.

가격할인 시행 후, 기대수준만큼 매출상승이 안 되는 경우가 있다. 이러한 경우, 일부 매장에서는 다시 가격을 인상을 한다. 그러나, 별거 아닌 듯해도 할인 때문에 방문을 했던 고객이 이탈하는 경우가 발생하고 이탈 고객을 재유입시키는 것은 상당히 어렵다.

위 내용 외에 가격할인 시 위험요소가 많아 가격할인을 권하고 싶지는 않다. **그렇다면, 경합점이 생겼을 때 가격할인 외에 대응하는 방법은 무엇이 있을까?**

① 기존에 진행하던 가격경쟁력 있는 상품을 고객에게 잘 노출될 수 있도록 배치한다

일반 상품의 판매가격을 내려 마진율이 낮아지는 것보다, 가격경쟁력 있는 상품을 고객에게 잘 노출시켜 구매하도록 유도하는 것이 더욱 현명한 방법이다.

② 2+1, 1+1, ○○○ 구매 시 ○○○ 증정 등의 행사를 공격적으로 활용한다

고객이 행사상품을 미처 모르거나 잘못 인지했을 경우에는 친절히 설명해 주고, 최대한 고객에게 이익이 될 수 있는 구매방법에 대해 알려 주는 것이 중요하다. '아~ 이 매장은 나를 생각해서 이익이 되는 방법을 알려 주는구나.'라는 생각이 들게 되면 그 고객은 이탈할 가능성이 낮다. 그리고 설명도 중요하지만, 상품 진열 시에도 증정행사 위주 상품을 다양하게 진열하고, 쇼카드 및 POP 등의 홍보문구도 기존 제공되는 것 외에 추

가로 제작하여 고객에게 잘 노출되도록 하는 것이 중요하다.

③ 매출활성화를 통하여 동일 고객이 지속적이고 장기적으로 매장을 이용할 수 있도록 유도한다

본사 차원에서 슈퍼바이저가 경합점이 발생한 매장에 대해 매출활성화를 기획한다면 절대 일회성 행사로 끝을 내서는 안 된다는 점을 명심해야 한다. 예를 들어 매장에 30만원을 지원한다고 했을 때 대부분의 점주는 상품 증정행사(1만원 이상 구매 시 생수 증정 등) 또는 폐기지원(삼각김밥, 김밥 등의 폐기 발생에 대한 일정금액 지원) 등을 선호한다.

하지만, 진정으로 자신이 담당하고 있는 매장을 생각한다면 이런 단발성의 행사가 아닌 장기적인 안목으로 접근해야 한다.

예를 들면 영수증 이벤트이다.

'5월 한 달 동안 5번 이상 방문하여 영수증 모아올 경우 ○○○ 증정'

만약 '1만원 이상 구매 시 ○○○ 증정'을 한다고 하면 그 고객은 단지 일회성 고객으로 재방문 유인을 하기는 어렵다. 그러나 한 달이라는 기간을 정해 놓으면 그 기간 동안 주기적으로 방문할 가능성이 높고, 방문이 지속되면 자연스레 충성고객으로 이어질 수 있는 계기가 될 수 있다.

슈퍼바이저는 점주에게 '운영을 1~2년만 하고 그만둘 것이 아니라면, 매출활성화 행사를 하더라도 잠깐 웃을 수 있는 단발성 행사 말고, 장기적으로 충성고객을 유인할 수 있는 행사를 하자'고 설득할 수 있어야 한다.

④ 항상 기본을 지켜라

오픈빨이라는 말이 있다. 결국 경합점도 신규점에서 기존점이 된다. 이때부터가 진검 승부가 시작되는 것이다. 항상 QSC의 중요성에 대하여 강조하는데, 진검 승부가 시작되었는데 매장 상품 구색도 어설프고, 결품도 많이 발생되어 있고, 매장 출입문 유리에는 손자국으로 얼룩져 있고, 아르바이트생은 고객이 들어와도 핸드폰만 보고 있다면 과연 고객은 어떤 선택을 할까?

경합점이 처음 오픈하면 당연히 고객이탈은 생길 것이다. 그러나 어느 시점이 되면 고객은 어디를 갈지에 대해 선택을 하게 되고, 결국 기본기가 탄탄하게 잡혀져 있는 매장을 선택할 가능성이 크다.

성공하는 가맹점주의 일급
Secret_매출상승의 기본 4원칙

① 상품매입에 따라 매출이 결정된다

상품 구색(종류)을 최대한 많이 가져간다. 재고를 많이 가져가라는 것이 아니라 소량으로 다양하게 구비하고 고객의 반응에 따라 매입량을 늘려야 한다. 점주는 다양한 상품 도입을 했을 때 고객의 반응을 분석하고, 반응이 좋지 않는 상품은 과감히 반품을 하고, 반응이 좋은 상품은 공격적으로 매입량을 늘려 보다 고객에게 노출이 잘 될 수 있도록 부지런히 움직여야 한다.

상품의 종류를 다양하게 매입해야 매장을 찾아오는 고객의 니즈를 파악할 수 있고, 결국 매출이 오르는 선순환의 효과로 이어진다.

② 신상품 도입

신상품은 제조업체 및 유통업체에서 최신 고객트렌드를 면밀히 분석하여 출시하기 때문에 매장에서는 적극적으로 도입을 하는 것이 좋다. 기존

상품에 식상함을 느끼는 고객 입장에서 자신의 취향을 저격하는 상품이 보이면 기꺼이 지출을 할 것이다.

필자가 예전에 담당했던 어떤 매장의 점주는 신상품을 절대 도입하지 않았다. 과자는 새우깡, 우유는 서울우유, 음료는 코카콜라만 있으면 되지, 괜히 신상품 도입했다가는 매출만 갉아먹는다는 논리였다. 연세가 60세가 넘으신 분이었는데, 새우깡이 4줄씩 진열되어 있고, 흰우유도 오로지 서울우유와 남양우유 두 종류만 진열하셨다.

양수도를 했던 매장인데, 정말 관리가 힘든 매장이었고 처음 양수도 당시 150만원이었던 일매출은 100만원까지 감소했다. 결국 또 다른 예비점주에게 양수도를 하게 되었다. 필자는 자신 있게 그 매장을 추천했다. 잠재력이 상당한 매장임을 알았기에 상품 운영만 전향적이고 적극적으로 한다면 매출을 많이 올릴 수 있을 것이라 확신했다. 결국 30대 초반의 젊은 여성 점주로 양수도가 진행됐고, 100만원이었던 일매출을 6개월 뒤 170만원까지 끌어올렸다.

비결은 다른 건 없었다. 기본적으로 친절하고 깨끗한 매장을 만든 것도 있지만, 결국 가장 큰 매출 상승비결은 적극적인 상품 도입이었다. 상품에 민감한 10~20대 구성비가 40% 이상으로 높았기 때문에 신상품이 나오면 무조건 도입해서 고객반응을 봤고, 최대한 다양한 구색을 갖춘 상태로 인 앤 아웃 작업을 꾸준히 했다. 그 결과 큰 폭의 매출상승으로 이어진 것이다.

항상 고객에게 식상한 모습을 보여주는 것보다는 다양한 신상품 도입을 통해 호기심을 유발시키고, 매번 방문할 때마다 새로운 인상을 심어 주는 것은 매장이 롱런하는 데 큰 도움이 될 수 있다.

③ SNS를 확인하고 활용하라

신상품은 SNS를 통해 지속적으로 홍보한다. SNS에서 핫한 신상품은 적극적으로 도입하고, 잘 노출될 수 있도록 진열하여 고객에게 긍정적인 이미지를 구축한다. SNS(인스타, 블로그 등)를 통해 매장의 홍보를 꾸준히 하다 보면 객수 증대에 분명 긍정적인 영향을 미칠 것이다.

④ 상품여유 재고 관리법

예상보다 일부 상품의 재고량이 많아졌을 경우 무조건 손해라 생각하지 말고 고객에게 매장 자체적으로 일시 할인해서 판매한다. 진열 시에는 앞서 상품진열의 원칙에 언급한 **골든 존(Goldenen Zone)**에 진열한다. 고객의 시야에 노출이 되고, 할인까지 한다면 빠른 회전으로 인해 금방 재고량이 줄어들 수 있다.

매장관리 시 무조건 알아야 할 매출 및 손익 관련 용어

매장관리의 가장 큰 목적은 가맹점 매출 및 수익 증대이다. 그렇다면 점주가 가장 관심을 갖는 부분도 매출과 수익일 것이다. 점주가 가장 관심을 갖는 부분에 대해 질문을 할 때 슈퍼바이저가 용어 자체도 헷갈려 하고, 설명도 제대로 하지 못한다면 신뢰를 받기 힘들 것이다.

그리고 점주는 해당 영업팀장에게 조용히 얘기할 것이다.

'우리 슈퍼바이저좀 바꿔 주세요~'

이러한 수치스러운 상황이 발생되기를 바라지 않는다면 열심히 학습해야 한다. 지금부터는 기본적으로 매장을 관리하는 데 있어 알아 두면 유용한 매출 및 손익 관련 용어를 정리해 보겠다.

매출 관련 용어

① 매출액

상품 또는 서비스 제공에 대한 수입 ⇒ 객수 × 객단가

(객수: 고객수 / 객단가: 고객 한 명 또는 한 팀이 구매하는 상품금액의 합)

② 계절지수

4분기 또는 월별 1년간 평균을 100으로 하고 각각의 기간의 상황에 맞게 지수를 설정한 것

ex) 편의점의 경우 비수기인 1~2월의 경우 계절지수 90, 성수기인 8~9월의 경우 계절지수 110을 적용 ⇒ 평균은 100

③ 매출액 증가율

점포 성장성의 분석에 사용되는 지표로 기준연도 매출액에 대한 비교연도 매출액의 증가율을 말한다. 지표를 이용하여 매장이 일정 기간 동안

얼마나 성장하고 있는지를 알 수 있다.

매출 증가에 따른 목표 산정을 할 때에는 계절지수 및 여러 요인(신학기, 방학, 명절 등)을 고려하여 설정해야 한다.

$$\text{매출액 증가율} = \frac{\text{당기 매출액} - \text{전기 매출액}}{\text{전기 매출액}} \times 100$$

예를 들어 1월 매출액이 4,000만원(**목표매출액 4,000만원**), 2월 2,700만원(**2,800만원**), 3월 4,800만원(**5,000만원**)으로 기준을 설정해 보자.

지표상으로는 1월은 매출목표를 100% 달성하였고 2월, 3월은 목표달성에 도달하지 못했다고 판단할 수 있으나, 계절지수를 적용하면(**계절지수** - 1월 95, 2월 105, 3월 110) 1월은 3,800만원(5% 하락), 2월 2,835만원(1.25% 상승), 5,280만원(5.6% 상승)으로 나타난다.

④ 객수증가율

매장 방문 객수의 변화는 상권의 변화를 파악, 대응할 수 있는 중요한 지표로 활용된다. 전년, 전월 대비 증가 요소는 인구 유입, 경쟁점 폐점, 운영전략, 상품구성/행사 등의 요소가 있다.

객수 증대를 위한 계획 수립 시, 상권의 변화 또는 운영상의 변화 요소가 있는지 명확히 분석하여 상황에 맞는 계획을 수립하도록 한다.

$$객수\ 증가율\ =\ \frac{당기\ 객수\ -\ 전기\ 객수}{전기\ 객수} \times 100$$

⑤ 객단가증가율

객단가는 상품가격, 행사(2+1행사 등), 진열 위치 개선(카운터에 잔돈을 사용할 수 있는 소량상품 진열), POP(홍보), 권유판매 등의 적극적인 영업활동에 따라 영향을 미친다.

$$객단가\ 증가율\ =\ \frac{당기\ 객단가\ -\ 전기\ 객단가}{전기\ 객단가} \times 100$$

⑥ 상품회전율

연간 매출액(매출원가)에 대한 평균 상품 재고액(재고원가)의 비율로, 매장의 판매능력을 나타낸다. 회전율이 높으면 판매능력이 크고, 낮으면 판매능력에 비해 재고가 많은 것을 나타낸다. 상품회전율을 높이기 위해서는 매출증대와 상품별 적정재고량 등을 목표로 계획을 수립해야 한다.

⑦ 교차비율

재고의 효율과 이익률을 동시에 비교하여 상품의 투자 효율을 분석하는 지표이다. 상품회전율이 높은 상품, 통상적으로 판매빈도가 높은 상품들은 이익률이 낮고 상품회전율이 낮은 상품은 이익률이 높기 때문에 교차비율로 재고 효율이 좋은 점과 이익률 높이를 동시에 비교해 보고자 하는 것이다.

단, 교차비율이 높다고 상품에 대한 투자효율이 우수하다고 판단할 수는 없다. 재고를 극단적으로 줄여 상품회전을 향상시켜 교차비율이 높아졌다면 상품 투자 효율이 향상되었다고 볼 수 없기 때문이다.

$$\text{교차비율} = \text{매출 이익률} \times \text{상품 회전율}$$

$$= \frac{\text{매출이익}}{\text{매출액}} \times \frac{\text{매출액}}{\text{재고액}} = \frac{\text{매출이익}}{\text{재고액}}$$

손익 관련 용어

아래 그림은 손익계산서 구조이다.

구 분	2019년 1월	2019년 2월	2019년 3월	2019년 4월	2019년 합계	비율
1. 매출	25,000,000	28,000,000	30,000,000	2,000,000	15,000,000	100.0%
제품 매출	25,000,000	28,000,000	30,000,000	32,000,000	115,000,000	
상품 매출	-	-	-	-	-	
2. 매출원가	10,000,000	11,200,000	12,000,000	12,800,000	46,000,000	40.0%
제품매출원가	10,000,000	11,200,000	12,000,000	12,800,000	46,000,000	
기타매출원가	-	-	-	-	-	0.0%
3. 매출총이익	15,000,000	16,800,000	18,000,000	19,200,000	69,000,000	60.0%
4. 비용합계	12,385,000	13,564,000	14,350,000	15,136,000	55,435,000	48.2%
급료와 임금	4,500,000	5,040,000	5,400,000	5,760,000	20,700,000	18.0%
퇴직급여	225,000	252,000	270,000	288,000	1,035,000	0.9%
복리후생비	225,000	252,000	270,000	288,000	1,035,000	0.9%
통신비	60,000	60,000	60,000	60,000	240,000	0.2%
수도광열비	1,000,000	1,120,000	1,200,000	1,280,000	4,600,000	4.0%
지급임차료	2,000,000	2,240,000	2,400,000	2,560,000	9,200,000	8.0%
보험료	125,000	140,000	150,000	160,000	575,000	0.5%

광고선전비	1,250,000	1,400,000	1,500,000	1,600,000	5,750,000	5.0%
소모품비	125,000	140,000	150,000	160,000	575,000	0.5%
지급수수료	250,000	280,000	300,000	320,000	1,150,000	1.0%
포장비	125,000	140,000	150,000	160,000	575,000	0.5%
감가상각비	2,500,000	2,500,000	2,500,000	2,500,000	10,000,000	8.7%
5. 영업이익	2,615,000	3,236,000	3,650,000	4,064,000	13,565,000	11.80%

(감가상각비: 인테리어투자비 1억 원 + 권리금 5천만 원 = 총 1.5억 원 발생비용 기준으로 60개월 분할하여 250만 원씩 반영)

표와 같이 매장에서 발생하는 비용항목은 굉장히 많다. 이러한 비용항목들은 크게 고정비와 변동비로 나뉜다.

① 고정비

고정비는 임대료, 감가상각비 등 매장운영 유무와 상관없이 고정적으로 발생되는 비용이다. 전체 매출의 20~30%로 관리하면 효율적이다. 고정비에는 임대료, 프랜차이즈 로열티, 금융비용(대출이자), 감가상각비가 있다.

임대료는 점포운영에 있어 가장 중요한 요소 중의 하나이다. 왜냐하면 대부분 매장에서 가장 큰 비중을 차지하는 비용항목이 임대료와 인건비이기 때문이다. 인건비는 정해져 있는 기준이 있어서 매장 운영을 하면서 인원 및 근무시간 등을 조정하면서 유연하게 대응이 가능하지만, 임대료는 한 번 정해진 가격을 마음대로 조정하기는 쉽지 않다. 그렇기 때문에 처음 매장을 알아볼 때에 주변 시세 대비 높은 임차조건에 계약하지 않도록 시세 조사를 철저히 해야 한다. 업종에 따라 상이하지만, 임대료는 월 매출 대비 **최소 4%에서 최대 8%** 범주 안에 있어야 가맹점주의 수익구조에 긍정적인 영향을 미친다. 예를 들어 월매출이 3,000만원이라고 한다면, 월 임대료는 최소 120~최대 240만원 범주에 들어야 적정 임대료라고 할 수 있다.

슈퍼바이저는 항상 담당 매장 상권에 관심을 가지고 있어야 한다. 현재 담당 매장보다 좋은 위치에 저렴한 매물이 나와 있을 경우, 점주에게 알려주면 점주에게는 큰 감동으로 다가올 수 있다. 상권 내 공실률이 증가하는 추세라면, 임대인과의 재계약 논의 시 임대료 인하를 압박할 수 있는 무기가 될 수 있다. 또한, 좋은 위치에 저렴한 임차료로 입점이 가능한 상황이라면 본사와 협의하여 이전을 논의할 수도 있다.

로열티는 프랜차이즈를 할 경우 본사에 납부하는 월회비 개념이라고 생각하면 쉽다. 매출의 3% 등의 정률제를 적용하는 브랜드도 있고, 월 30만원, 월 40만원 등의 일정한 금액을 지급하는 정액제를 적용하는 브랜드도 있다.

감가상각비는 시설/인테리어의 수명을 5년(60개월)으로 설정하고 매월 비용을 처리한다고 생각하면 쉽다. 예를 들어 시설인테리어 비용이 6,000만원이었다고 하면 이 금액을 60개월로 나누면 100만원이 된다. 초기에 납부가 완료된 부분이지만, 실물이 있기 때문에 매월 100만원씩 비용으로 표기하는 것이다. 60개월이 지나면 감가상각비는 0이 된다.

② 변동비

변동비는 재료비, 인건비, 수도전기세, 광고선전비 등 매출에 따라 결정되는 비용을 말한다. 전체 매출의 60~70%로 관리하면 효율적이다. '재료비, 인건비는 외식업종마다 천차만별이므로 전체 매출의 50~60% 정도로 관리한다.' 등의 명확한 기준을 설정하여 운영하면 변동비 관리가 수월할 수 있다.

예를 들어 참치전문점 등의 고급기술을 필요로 하는 주방장 등을 채용해야 하는 업종일 경우 당연히 인건비 비중이 높아지게 된다. 인건비 비중이 높은 업종의 경우 메뉴의 단가도 높기 때문에 판매가 대비 원재료율을 최대한 낮추는 등의 방식으로 손익관리에 접근해야 한다. 단, 제공하는 메뉴의 품질이 떨어져서는 안 된다.

수도광열비는 수도세, 전기세, 연료비, 가스비 등을 일컫는다. 이 부분역시 업종의 특성에 따라 다를 수 있지만, 통상적으로 매출액의 **3~6%** 기준으로 관리하면 적정관리가 되고 있다고 볼 수 있다. 냉난방기 가동률 등의 계절적 요인에 따른 변동은 있지만 1년 평균 6%를 넘지 않도록 관리해야 한다.

점주들이 **'매출은 좋은데 남는 게 없다.'**라고 한다면 **고정비와 변동비** 항목을 하나하나 찾아보고, 과도하게 발생하는 비용이 있다면 줄일 수 있도록 컨설팅하는 것도 슈퍼바이저의 중요역할이다. 다만 매장을 운영할 때, 매출증대보다 변동비 절감에 초점을 맞추어서 인건비, 원자재의 구성비를 낮춘다면 고객들에게 만족스러운 서비스 및 상품을 제공할 수 없게 되고 오히려 매출이 하락하는 상황이 발생하게 될 것이다.

매장운영에서 변동비를 관리하기는 어려우나, Time별로 인력을 탄력적으로 운영, 냉난방기 적정온도 유지 및 가동시간 준수 등 쉬운 부분부터 관리를 해나가는 습관을 가져야 한다.

슈퍼바이저는 손익계산서에 대해 자세한 분석 및 정보를 통하여 정확한 가맹점주의 손익관리를 하는 데 큰 도움이 될 것이다.

③ 영업이익률

매출액에 대한 영업이익 관계를 나타내는 비율로서 제조 및 판매활동과 관계가 없는 영업 외 손익을 제외한 순수 영업이익만을 매출액과 대비한 것이므로 곧 판매마진을 나타낸다. 매출액 영업이익률은 점포의 주된 영업활동의 능력을 측정하는 기준이 된다.

$$영업이익률 = \frac{영업이익}{매출액} \times 100$$

* **영업이익** = 매출총이익 - 판매관리비

영업이익률을 증가시키기 위해서는 매출액을 향상시키거나 판매관리비, 일반관리비 등 제비용을 절감하는 것이다. 판매관리비 절감 방안은 인건비, 수도광열비 등 통제 가능한 비용을 구분하여 관리해야 한다.

④ 경상이익률

점포의 영업활동에서 발생하는 비용 이외에도 **투자금리와 같은 영업 외 비용까지** 차감하여 반영하는 점포의 능률과 수익성을 판단하는 비율이다.

$$경상이익률 = \frac{경상이익}{매출액} \times 100$$

* **경상이익** = (영업이익 + 영업 외 수익) - 영업 외 비용

⑤ 손익분기점(BEP)_ Break-even Point
★ **이익(손익)관리를 위한 핵심지표이다.**

총수익과 총비용이 일치하여 이익, 손해도 발생하지 않는 구간을 의미하며, 매출액과 총비용이 균형을 이룰 때의 매출액을 손익분기점이라고 한다. 매출액이 손익분기점 이하인 경우에는 점포의 손실을 그 이상인 경우에는 이익을 나타낸다. 손익분기점이 낮을수록 수익성이 높으며 영업

목표를 달성하기에도 수월해진다.

손익분기점을 구하기 위해서는 **모든 비용을 고정비, 변동비**로 구분할 수 있어야 한다. 앞서 설명한 내용처럼 고정비는 임대료, 감가상각비(권리금, 인테리어 등)등의 운영의 유무와 상권 없이 일정하게 발생하는 비용을 말하며, 변동비는 매출액의 증감과 함께 변하는 비용이며 예를 들어 상품원가(재료비), 가스비용, 수도전기세 등이다.

고정비는 매출과 관계 없이 일정하므로 고정비를 기준으로 하고, 변동비를 여러 구간으로 정해 매출목표를 설정해야 한다.

☞ 슈퍼바이저 업무를 하다 보면 주로 매출 또는 손익에 관한 주제로 내부 회의를 많이 할 것이다. 자신이 담당하는 매장의 모든 지표에 대해서는 별도의 개인 자료를 만들어 놓고, 항상 언제 어디서든 설명할 준비가 되어 있어야 한다.

왔으면 하는 슈퍼바이저

갔으면 하는 슈퍼바이저

ⓒ 김민성, 최재형, 2020

초판 1쇄 발행 2020년 9월 4일
2쇄 발행 2021년 6월 3일

지은이   김민성, 최재형
펴낸이   이기봉
편집   좋은땅 편집팀
펴낸곳   도서출판 좋은땅
주소   서울 마포구 성지길 25 보광빌딩 2층
전화   02)374-8616~7
팩스   02)374-8614
이메일   gworldbook@naver.com
홈페이지 www.g-world.co.kr

ISBN   979-11-6536-703-9 (03320)